10代《だい》に伝《つた》えたい

マンガで  わかる！

人生《じんせい》を前《まえ》に進《すす》める名言集《めいげんしゅう》

文《ぶん》 定政敬子《さだまさけいこ》

絵《え》 モドロカ

大和書房《だいわしょぼう》

はじめに

きみには、忘《わす》れられない言葉《ことば》がありますか?

落《お》ちこんだとき、人《ひと》の言動《げんどう》に傷《きず》ついたとき、苦《くる》しいとき、自分《じぶん》はひとりぼっちだと感《かん》じるときに、きみをなぐさめ、癒《い》やし、また、奮《ふる》い立《た》たせ、立《た》ち直《なお》らせてくれる言葉《ことば》を持《も》っていますか?


80歳《さい》を越《こ》えてなお、マルチタレントとして活躍《かつやく》する黒柳徹子《くろやなぎてつこ》さんは子《こ》どものころ、いわゆる問題児《もんだいじ》でした。小学校《しょうがっこう》に入《はい》ったばかりのときに授業妨害《じゅぎょうぼうがい》するという理由《りゆう》で退《たい》学《がく》させられ、トモエ学園《がくえん》という学校《がっこう》に編入《へんにゅう》します。


校長先生《こうちょうせんせい》は、個性的《こせいてき》で破天荒《はてんこう》な行動《こうどう》をする彼女《かのじょ》に、

「いい子《こ》じゃないときみは人《ひと》に思《おも》われている。いろいろあるけど、きみの本当《ほんとう》の性格《せいかく》は悪《わる》くなくて、いいところがあって、先生《せんせい》には、それがよくわかっているんだよ」

何《なに》かあるたびに、先生《せんせい》は、

「きみは、本当《ほんとう》はいい子《こ》なんだよ」と言《い》い続《つづ》けました。

のちに、彼女《かのじょ》は、「一生《いっしょう》を決定《けってい》したかもしれないくらい大切《たいせつ》な言葉《ことば》だった」と述《の》べています。

こうした言葉《ことば》を持《も》つ人《ひと》は、幸運《こううん》です。その言葉《ことば》が、人生《じんせい》を支《ささ》えてくれるから。

自分《じぶん》には、そんな言葉《ことば》はないというきみも、もう大丈夫《だいじょうぶ》。この本《ほん》のなかから見《み》つけてください。

もし、きみがまわりの人《ひと》たちから、いつも「否定的《ひていてき》な言葉《ことば》」を言《い》われていたとしても、気《き》にすることはありません。きみの価値《かち》は、きみ自身《じしん》が認《みと》めてあげればいい。

きみには、やりたいこと、目的《もくてき》や夢《ゆめ》がありますか？　夢《ゆめ》を実現《じつげん》するためには、乗《の》り越《こ》えなくてはいけないことがたくさん出《で》てきます。

そんなとき、自分《じぶん》の心《こころ》を支《ささ》える言葉《ことば》を持《も》つ。そうすれば、きみの人生《じんせい》は、前向《まえむ》きに、豊《ゆた》かに続《つづ》いていくはずです。

どんなときも、きみの最大《さいだい》の味方《みかた》は、きみ自身《じしん》だ。

この本《ほん》の使《つか》い方《かた》

きみが悩《なや》んでいることを、
「もくじ」から探《さが》してください。

そのページにいくと、マンガのなかに
きみのような人《ひと》がいます。

近《ちか》くに、いつもきみのことを見守《みまも》っている
タヌキ（伝《つた》えタヌキ）が見《み》えましたか？

そのタヌキが偉人《いじん》に変身《へんしん》して、
いまのきみに必要《ひつよう》な言葉《ことば》を
示《しめ》してくれるでしょう。

となりのページには、
偉人《いじん》のエピソードが書《か》いてあります。
それらを読《よ》んで、
「自分《じぶん》だけじゃないんだ！」と知《し》ってください。

そして、偉人《いじん》たちの言葉《ことば》を、
心《こころ》のなかにそっと刻《きざ》んでください。
何《なに》かつらいことがあっても、もう大丈夫《だいじょうぶ》。
これからのきみには、言葉《ことば》があります。

たくさんの言葉《ことば》が、きみの人生《じんせい》の味方《みかた》です。

だんだんきみは、その言葉《ことば》とともに変化《へんか》し、
成長《せいちょう》し、大人《おとな》になっていくでしょう。

伝《つた》えタヌキが登場《とうじょう》するページ

このひと
居場所がない少年時代…
唯一の楽しみだった
映画の世界で大成功

スティーブン・スピルバーグ
映画監督、米オハイオ州出身、1946-、父は電気技師、母はピアニスト

長年、ハリウッド映画界に君臨するスティーブン・スピルバーグ。少年時代は、ユダヤ人で難読症という学習障害があったため、いじめられたことも多々ありました。学校でも「内気で、自分の居場所がなかった。ワイワイやっている友人たちの外にいた」と疎外感を感じていたそうです。そんな彼が、心地よくいられるのが、家でひとり映画を観ているときだけ。「ウォルト・ディズニーこそ僕の生みの親で、テレビは育ての親」と述べています。13歳で父親に8ミリカメラでの撮影を頼まれてから、その魅力にとりつかれ、自主的に映画を制作するようになります。17歳でカリフォルニアに遊びに行き、ユニバーサル・ツアーに参加。スタッフと知り合いになり、通行証を手に入れ人脈をつくりました。カリフォルニア大学の映画科に進み、休みになるとスタジオに通い、空き室だった掃除部屋を自分のオフィスにして、ハリウッドに出入りするようになります。孤独な時間に培った映画への情熱、そして才能を、思いっきり発揮できるところ、そう彼の初めての居場所をとうとう見つけたのです。

孤独であって、充実している。そういうのが人間だ。
● 岡本太郎、芸術家（1911-1996）

自己とは、自分にとって最良の友人である。
● アリストテレス、古代ギリシャ（BC384-322）

孤独や疎外感がぼくを制作に向かわせる。
● 奈良美智、画家（1959-）

17　第1章 ● 人間関係に悩んでいるきみへ

偉人《いじん》のエピソード

ほかの偉人《いじん》たちの言葉《ことば》

マンガでわかる！ 10代《だい》に伝《つた》えたい 人生《じんせい》を前《まえ》に進《すす》める名言集《めいげんしゅう》 ● もくじ

第《だい》2章《しょう》　情熱《じょうねつ》をもって生《い》きたいなら

第《だい》3章《しょう》 「自分《じぶん》」を見《み》つける方法《ほうほう》

特別章《とくべつしょう》 偉人《いじん》を支《ささ》えた言葉《ことば》たち

前《まえ》に進《すす》もう！

きっと大丈夫《だいじょうぶ》！

第《だい》6章《しょう》 これからの生《い》き方《かた》を変《か》える12の言葉《ことば》

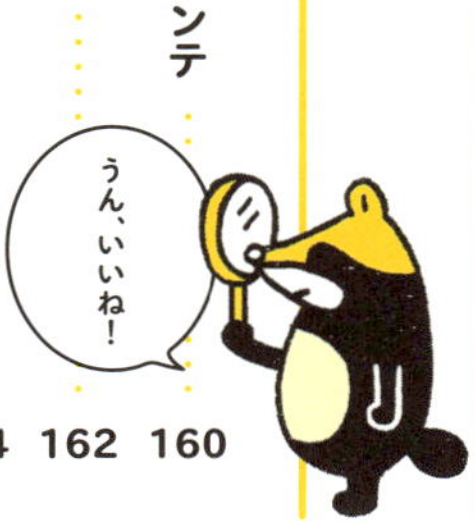

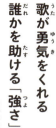

第《だい》1章《しょう》

人間関係《にんげんかんけい》に 悩《なや》んでいるきみへ

いま、内気《うちき》で居場所《いばしょ》がなくても

このひと

居場所《いばしょ》がない少年時代《しょうねんじだい》…
唯一《ゆいいつ》の楽《たの》しみだった
映画《えいが》の世界《せかい》で大成功《だいせいこう》

スティーブン・スピルバーグ

映画監督《えいがかんとく》、米《アメリカ》オハイオ州出身《しゅうしゅっしん》、
1946-、父《ちち》は電気技師《でんきぎし》、母《はは》はピアニスト

長《なが》年《ねん》、ハリウッド映画界《えいがかい》に君臨《くんりん》するスティーブン・スピルバーグ。少年時代《しょうねんじだい》は、ユダヤ人《じん》で難《なん》読症《どくしょう》という学習障害《がくしゅうしょうがい》があったため、いじめられたことも多々《たた》ありました。学校《がっこう》でも「内気《うちき》で、自分《じぶん》の居場所《いばしょ》がなかった。ワイワイやっている友人《ゆうじん》たちの外《そと》にいた」と疎外感《そがいかん》を感《かん》じていたそうです。そんな彼《かれ》が、心地《ここち》よくいられるのが、家《いえ》でひとり映画《えいが》を観《み》ているときだけ。「ウォルト・ディズニーこそ僕《ぼく》の生《う》みの親《おや》で、テレビは育《そだ》ての親《おや》」と述《の》べています。13歳《さい》で父親《ちちおや》に8ミリカメラでの撮影《さつえい》を頼《たの》まれてから、その魅力《みりょく》にとりつかれ、自主的《じしゅてき》に映画《えいが》を制作《せいさく》するようになります。17歳《さい》でカリフォルニアに遊《あそ》びに行《い》き、ユニバーサル・ツアーに参加《さんか》。スタッフと知《し》り合《あ》いになり、通行証《つうこうしょ》を手《て》に入《い》れ人脈《じんみゃく》をつくりました。カリフォルニア大学《だいがく》の映画《えいが》科《か》に進《すす》み、休《やす》みになるとスタジオに通《かよ》い、空《あ》き室《しつ》だった掃除部屋《そうじべや》を自分《じぶん》のオフィスにして、ハリウッドに出入《でい》りするようになります。孤独《こどく》な時間《じかん》に培《つちか》った映画《えいが》への情熱《じょうねつ》、そして才能《さいのう》を、思《おも》いっきり発揮《はっき》できるところ、そう彼《かれ》の初《はじ》めての居場所《いばしょ》をとうとう見《み》つけたのです。

孤独《こどく》であって、充実《じゅうじつ》している。そういうのが人間《にんげん》だ。
● 岡本太郎《おかもとたろう》、芸術家《げいじゅつか》（1911-1996）

自己《じこ》とは、自分《じぶん》にとって最良《さいりょう》の友人《ゆうじん》である。
● アリストテレス、古代《こだい》ギリシャ（BC384-322）

孤独《こどく》や疎外感《そがいかん》がぼくを制作《せいさく》に向《む》かわせる。
● 奈良美智《ならよしとも》、画家《がか》（1959-）

いじめを克服《こくふく》するために

大丈夫《だいじょうぶ》、これまでやってこれたんだから、
これからだって、わたしは大丈夫《だいじょうぶ》。

冨永《とみなが》 愛《あい》
スーパーモデル

このひと

ひと

壮絶《そうぜつ》ないじめと孤独《こどく》、
劣等感《れっとうかん》のかたまりだった
自分《じぶん》を乗《の》り越《こ》えて

冨永《とみなが》愛《あい》

スーパーモデル、1982-、神奈川県出身《かながわけんしゅっしん》、
三人姉妹《さんにんしまい》の次女《じじょ》、息子《むすこ》がいる

1

79センチの長身《ちょうしん》、9頭身《とうしん》といわれる抜群《ばつぐん》のスタイルで、世界《せかい》のトップモデルとして活躍中《かつやくちゅう》の冨永愛《とみながあい》。幼《おさな》いころから目立《めだ》って背《せ》が高《たか》く、小学校《しょうがっこう》に入《はい》ると「宇宙人《うちゅうじん》」と言《い》われ、いじめの対象《たいしょう》に。早々《そうそう》に両《りょう》親《しん》が離婚《りこん》し、母《はは》はいつも仕事《しごと》で留守《るす》。ひとり裏山《うらやま》で昆虫《こんちゅう》をながめる日々《ひび》でした。背《せ》の高《たか》さを生《い》かすには、モデルしかないと15歳《さい》で読者《どくしゃ》モデルに応募《おうぼ》し採《さい》用《よう》されます。中学《ちゅうがく》、高校《こうこう》でも、いじめは続《つづ》き、親《した》しい友《とも》だちもおらず、孤独《こどく》な学校生活《がっこうせいかつ》でした。18歳《さい》でNY《ニューヨーク》コレクションに参加《さんか》。自分《じぶん》をいじめた人《ひと》たちを見返《みかえ》してやる！　その一心《いっしん》でした。華《はな》やかで厳《きび》しい世界《せかい》。そこでもアジア人《じん》に対《たい》する差別《さべつ》と偏見《へんけん》が待《ま》っていました。「くやしい！　絶対《ぜったい》トップになってやる！」と努力《どりょく》し、世界《せかい》の有名《ゆうめい》メゾンから指名《しめい》を受《う》けるほどに。人《ひと》と違《ちが》う外見《がいけん》、貧困《ひんこん》、父親《ちちおや》の不在《ふざい》、頼《たよ》れる人《ひと》もおらず、自殺未遂《じさつみすい》をはかったこともある凄絶《せいぜつ》な幼少期《ようしょうき》……。劣等感《れっとうかん》のかたまりだった自分《じぶん》が、世界《せかい》で活躍《かつやく》するまでになった現在《げんざい》、しみじみ思《おも》います。人間《にんげん》は、すべてを生《い》きる力《ちから》に変《か》えられる、あのつらい過去《かこ》があったからこそ、いまの私《わたし》があるのだと。

どんな完璧《かんぺき》な人《ひと》にでも
コンプレックスが
あることを意識《いしき》すると、
自分《じぶん》らしく
生《い》きられるようになる。

● テイラー・スウィフト、
歌手《かしゅ》、米《アメリカ》（1989-）

いまの自分《じぶん》を
認《みと》める勇気《ゆうき》を
持《も》つ者《もの》だけが、
本当《ほんとう》に強《つよ》い
人間《にんげん》になれる。

● アルフレッド・アドラー、
精神科医《せいしんかい》、オーストリア
（1870-1937）

あなたの同意《どうい》なしに、
誰《だれ》もあなたに劣等感《れっとうかん》を
抱《いだ》かせることはできない。

● エレノア・ルーズベルト、
婦人運動家《ふじんうんどうか》、米《アメリカ》
（1884-1962）

みんなと違《ちが》って、変《へん》だと言《い》われても

中邑賢龍《なかむらけんりゅう》
大学教授《だいがくきょうじゅ》

このひと

社会《しゃかい》に合《あ》わせて人《ひと》を変《か》える教育《きょういく》をやめようと奮闘《ふんとう》する「異才《いさい》」発掘教授《はっくつきょうじゅ》

中邑賢龍《なかむらけんりゅう》

大学教授《だいがくきょうじゅ》、山口県出身《やまぐちけんしゅっしん》、1965-、収集《しゅうしゅう》が趣味《しゅみ》

「みんなと違《ちが》って変《へん》だ」と思《おも》われ不登校《ふとうこう》になった子《こ》どもや、才能《さいのう》があるのにじっとしていられないなどの学習障害《がくしゅうしょうがい》がある子《こ》どもたちに居場所《いばしょ》を提供《ていきょう》する「異才発掘《いさいはっくつ》プロジェクト」。統括《とうかつ》するのは中邑賢龍《なかむらけんりゅう》教授《きょうじゅ》です。彼自身《かれじしん》、蝶《ちょう》の生殖器《せいしょくき》ばかり観《み》ていたり、いろいろなものを収集《しゅうしゅう》したりするのが好《す》きでした。学校《がっこう》の行《い》き帰《かえ》りは昆虫採集《こんちゅうさいしゅう》やものを集《あつ》める時間《じかん》。つかまえては、新種《しんしゅ》はいないかと、わくわくして観察《かんさつ》。友《とも》だちに「遊《あそ》ぼう」と誘《さそ》われても、断《ことわ》ってばかり。とても変《か》わった子《こ》どもなのに、両親《りょうしん》は別《べつ》に何《なに》も言《い》わなかったので、のびのびと育《そだ》ったそうです。大学《だいがく》で心理学《しんりがく》を学《まな》んでいたころ、話《はな》せないストレスで胃痛《いつう》を訴《うった》えていた障害者《しょうがいしゃ》に、発声《はっせい》だけでできるゲームを開発《かいはつ》。すると胃痛《いつう》が消《き》えたとか。意思《いし》の疎通《そつう》ができるだけで、人間《にんげん》は対等《たいとう》になれると知《し》り、人間支援工学《にんげんしえんこうがく》の道《みち》へ進《すす》みます。人《ひと》と比較《ひかく》され、教師《きょうし》や大人《おとな》の心《こころ》ない言葉《ことば》によって才能《さいのう》と個性《こせい》をつぶされた子《こ》どもたち。心《こころ》が折《お》れたまま死《し》んでいく教《おし》え子《ご》もいる。「先生《せんせい》、ぼくみたいな大人《おとな》をつくらないで」彼《かれ》らを追《お》い詰《つ》めた教育《きょういく》に対《たい》する怒《いか》りが、彼《かれ》のエネルギーになっています。

「きみはだめだ」って
レッテルを貼《は》られている
人《ひと》でも、状況《じょうきょう》が変《か》われば
しっかりと役目《やくめ》につける。
動物《どうぶつ》って、人間《にんげん》って、
そういうふうに
つくられていると思《おも》う。

● 楳図《うめず》かずお、漫画家《まんがか》（1936-）

他《ほか》の人《ひと》が何《なに》を言《い》おうとも、
それによって
あなたが乱《みだ》される
必要《ひつよう》はないのです。

● アーチャン・チャー、宗教家《しゅうきょうか》、タイ（1918-1992）

たとえ全世界《ぜんせかい》があなたに
見切《みき》りをつけたとしても、
あなたにはあなた自身《じしん》が
ついている。

● ジャン・ジオノ、作家《さっか》、仏《フランス》（1895-1970）

きみが大人《おとな》になるとき

なんで離《はな》れて歩《ある》くのよ。

母親《ははおや》と一緒《いっしょ》にいるとこなんか、誰《だれ》かに見《み》られたら恥《は》ずい。

あっそ
人間《にんげん》が子《こ》どもから大人《おとな》になったかどうかは、親《おや》に対《たい》しての感情《かんじょう》の持《も》ち方《かた》で決《き》まるんじゃないか。

スーパ

北野《きたの》 武《たけし》
（ビートたけし）
漫才師《まんざいし》・映画監督《えいがかんとく》

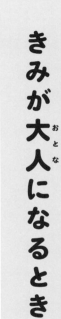

この　ひと

強烈《きょうれつ》な両親《りょうしん》への葛藤《かっとう》が、やがて感謝《かんしゃ》へ、それが大人《おとな》になること

北野《きたの》 武《たけし》
（ビートたけし）

漫才師《まんざいし》・映画監督《えいがかんとく》・作家《さっか》、東京都出身《とうきょうとしゅっしん》、
1947-、5人きょうだいの末《すえ》っ子《こ》

北《きた》野《の》武《たけし》の父親《ちちおや》は、貧《まず》しいペンキ職人《しょくにん》。母親《ははおや》は、貧《まず》しい家計《かけい》を助《たす》けるために内職《ないしょく》ばかり。照《て》れ屋《や》で小心者《しょうしんもの》、お酒《さけ》なしには人《ひと》と話《はなし》もできなかった父《ちち》は、しかし職人《しょくにん》としての腕《うで》は一流《いちりゅう》で、遅刻《ちこく》もせず、仕事《しごと》には誇《ほこ》りを持《も》っていました。稼《かせ》いだお金《かね》をすぐにお酒《さけ》に使《つか》ってしまうため、借金《しゃきん》取《と》りに追《お》われます。厳《きび》しい母親《ははおや》は、「貧乏《びんぼう》の連鎖《れんさ》を断《た》ち切《き》るためには、教育《きょういく》しかない！」と強《つよ》い信念《しんねん》を持《も》ち、子《こ》どもの教育《きょういく》に命《いのち》をかけていました。おもちゃは買《か》わないが、参考書《さんこうしょ》は買《か》う。塾《じゅく》には通《かよ》わせる。大学進学《だいがくしんがく》のための資金《しきん》も貯《た》める。一方《いっぽう》、武《たけし》は目的《もくてき》を見出《みいだ》せず、親《おや》には内緒《ないしょ》で大学《だいがく》をやめてしまいます。芸人《げいにん》として成功《せいこう》し、社会的《しゃかいてき》にも名《な》をあげ、母親《ははおや》との闘《たたか》いに勝《か》ったつもりだった彼《かれ》は、形見《かたみ》として渡《わた》された通帳《つうちょう》を見《み》て愕然《がくぜん》とします。これまで息子《むすこ》に要求《ようきゅう》したお小遣《こづか》いが、すべて貯金《ちょきん》されていたのです。「芸人《げいにん》なんていつ売《う》れなくなるかもわからない」と常々《つねづね》言《い》っていた母《はは》の深《ふか》い愛《あい》でした。無学《むがく》で漢字《かんじ》が書《か》けず、いつも酔《よ》っ払《ぱら》っていた父親《ちちおや》に対《たい》しても、ふとみせる笑顔《えがお》を思《おも》い出《だ》すようになって、ようやく自分《じぶん》が大人《おとな》になった気《き》がすると語《かた》っています。

親《おや》とは、子《こ》どもが歯《は》を研《と》ぐための骨《ほね》のようなもの。

● ピーター・ユスティノフ、俳優《はいゆう》・小説家《しょうせつか》、英《イギリス》（1921-2004）

大人《おとな》になるとは、親《おや》のせいにするのをやめること。

● マヤ・アンジェロウ、詩人《しじん》・作家《さっか》、米《アメリカ》（1928-2014）

人《ひと》の親《おや》たるものは、この宇宙《うちゅう》の貴重《きちょう》な生命《せいめい》の苗木《なえぎ》を預《あず》かっているのだということを忘《わす》れてはいけない。

● 野上弥生子《のがみやえこ》、作家《さっか》（1885-1985）

落《お》ち着《つ》きがなくても大丈夫《だいじょうぶ》

あなたの大《おお》きな夢《ゆめ》をしぼませるような人間《にんげん》には近《ちか》づくな。

マーク・トウェイン

作家《さっか》

好奇心《こうきしん》のかたまりの少年《しょうねん》は、まわりにつぶされず、偉大《いだい》な作家《さっか》へ

マーク・トウェイン

作家《さっか》、米《アメリカ》ミズーリ州出身《しゅうしゅっしん》、1835-1910、父《ちち》は判事《はんじ》、6人兄弟《にんきょうだい》の4男《なん》

『トム・ソーヤの冒険《ぼうけん》』の著者《ちょしゃ》マーク・トウェインは、思《おも》ったことはなんでもやってみないと気《き》がすまない子《こ》どもでした。たとえば、麻疹《はしか》にかかった友《とも》だちの部屋《へや》にしのびこんで「一緒《いっしょ》に死《し》のう」とベッドに潜《もぐ》りこむなど……。そのころはワクチンなどなく、麻疹《はしか》にかかった子《こ》どもたちが毎日《まいにち》のように亡《な》くなっていきます。それでも、自分《じぶん》が麻疹《はしか》にかかったらどうなるかという好奇心《こうきしん》には勝《か》てなかったのです。案《あん》の定《じょう》、彼《かれ》も感染《かんせん》し、生死《せいし》の境《さかい》をさまようことに。それからは、まわりがどう言《い》おうと、さらに自分《じぶん》がやりたいことはなんでもやるようになりました。そんな彼《かれ》を見《み》て、「この子《こ》は早《はや》く社会《しゃかい》に出《だ》していろいろ経験《けいけん》させたほうがいい」と思《おも》った母親《ははおや》は、13歳《さい》で学校《がっこう》をやめさせ、兄《あに》が経営《けいえい》する印刷会社《いんさつがいしゃ》の植字見習《しょくじみなら》い工《こう》の仕事《しごと》につかせました。ここで言葉《ことば》や文章《ぶんしょう》を貪欲《どんよく》に学《まな》びます。その後《ご》、蒸気船《じょうきせん》の水先《みずさき》案内人《あんないにん》や、鉱山《こうざん》の採掘士《さいくつし》などの職業《しょくぎょう》を転々《てんてん》としながら、アメリカ中《じゅう》を放浪《ほうろう》。新聞社《しんぶんしゃ》に入《はい》り記者《きしゃ》として経験《けいけん》をつみ、小説《しょうせつ》を発表《はっぴょう》します。好奇心《こうきしん》のかたまりだった少年《しょうねん》は、こうして世界中《せかいじゅう》の人《ひと》びとを魅了《みりょう》する小説家《しょうせつか》となったのです。

人《ひと》と違《ちが》うことをするとばかにされる。
挑戦《ちょうせん》すると笑《わら》われる。
でも、世界《せかい》を前《まえ》へ
進《すす》めてきたのは、
いつでもそのような
ばか者《もの》たちなのだ。

● 吉藤健太朗《よしふじけんたろう》、実業家《じつぎょうか》・ロボット開発者《かいはつしゃ》
（1987-）

幸福《こうふく》は、
好奇心《こうきしん》から生《う》まれる。

● 斎藤茂太《さいとうしげた》、精神科医《せいしんかい》
（1916-2006）

自分《じぶん》のなかにいる
変人《へんじん》に従《したが》え！

● 茂木健一郎《もぎけんいちろう》、脳科学者《のうかがくしゃ》
（1962-）

孤独《こどく》を経験《けいけん》したからできた

あらゆるきっかけを
与《あた》えてくれるのは人《ひと》。
なので、人《ひと》に会《あ》いに行《い》く
ようにしたほうがいい。

吉藤《よしふじ》健《けん》太朗《たろう》
実業家《じつぎょうか》

この  ひと

孤独《こどく》をとことん味《あじ》わったら、人《ひと》のつながりが大事《だいじ》とわかった

吉藤健太朗《よしふじけんたろう》

実業家《じつぎょうか》、奈良県出身《ならけんしゅっしん》、
1987-、株式会社《かぶしきかいしゃ》オリィ研究所代表《けんきゅうじょだいひょう》

さまざまな理由《りゆう》で、その場所《ばしょ》にいられない人《ひと》のために、代《か》わりにいてくれる分身《ぶんしん》ロボット、オリヒメ。開発者《かいはつしゃ》の吉藤健太朗《よしふじけんたろう》は、小学《しょうがっ》校《こう》5年《ねん》から中学《ちゅうがく》にかけて3年半《ねんはん》、不《ふ》登校《とうこう》でした。きっかけは、体《からだ》が弱《よわ》く、入院治療《にゅういんちりょう》してしばらく学校《がっこう》を休《やす》んでしまったこと。「本当《ほんとう》に孤独《こどく》だった」その期間《きかん》、両親《りょうしん》は無理《むり》に学校《がっこう》に行《い》かせようとせず、それが救《すく》いだったとか。あるとき、母親《ははおや》の「きっとあなたはロボットをつくれるわ」の一言《ひとこと》で、大会《たいかい》に参加《さんか》。見事優勝《みごとゆうしょう》したことで、人生《じんせい》が動《うご》き出《だ》します。もの作《づく》りの師匠《ししょう》がいる高《こう》校《こう》に進学《しんがく》し、たまたまボランティアで電動車椅子《でんどうくるまいす》を作《つく》ったことで注目《ちゅうもく》を浴《あ》びることに。障害《しょうがい》を抱《かか》えて、社会《しゃかい》から隔絶《かくぜつ》された人《ひと》の問題《もんだい》を解消《かいしょう》できないか。孤独《こどく》だった経験《けいけん》を生《い》かしたいと人工知能《じんこうちのう》やロボットを極《きわ》めるなかで、気《き》づいたのが「人《ひと》を本当《ほんとう》に癒《い》やすのは社会《しゃかい》に復帰《ふっき》すること」。難病《なんびょう》の患者《かんじゃ》、病気《びょうき》の子《こ》どもが、会社《かいしゃ》や学校《がっこう》にオリヒメを置《お》いて、その場《ば》にいる人《ひと》たちとコミュニケーションできるようにしたのです。寝《ね》たきりで、28歳《さい》で逝《い》った元社員《もとしゃいん》の「こんな体《からだ》だからこそ生《い》きた証《あか》しを残《のこ》したい」の言葉《ことば》が彼《かれ》を支《ささ》えています。

「自分《じぶん》のたりないところ」が、人間関係《にんげんかんけい》をつくるうえで、一番大切《いちばんたいせつ》なものなのです。

● 植松努《うえむらつとむ》、技術者《ぎじゅつしゃ》・実業家《じつぎょうか》（1966-）

自分《じぶん》の居場所《いばしょ》を、自分《じぶん》でつくるんだ。

● スティーブ・ジョブズ、アップル創業者《そうぎょうしゃ》、米《アメリカ》（1955-2011）

垣根《かきね》は相手《あいて》がつくっているのではなく、自分《じぶん》がつくっている。

● アリストテレス、古代《こだい》ギリシャ、哲学者《てつがくしゃ》（BC384-322）

強《つよ》くなくてもいい

トモくんは、勉強《べんきょう》ができない
運動《うんどう》もできないし、
話《はなし》もヘタだし、
おもしろくないし、
忘《わす》れ物《もの》多《おお》いし、
毎日《まいにち》寝《ね》ぐせついてるし。
でも、みんなに愛《あい》されてる。
生《い》き残《のこ》る種《しゅ》とは、もっとも強《つよ》いものでも、もっとも賢《かしこ》いものでもない。変化《へんか》にもっともよく適応《てきおう》したものである。
チャールズ・ダーウィン
自然科学者《しぜんかがくしゃ》

このひと

無《む》気《き》力《りょく》な子《こ》と呼《よ》ばれた少《しょう》年《ねん》は、のちに偉《い》大《だい》な科《か》学《がく》者《しゃ》へ

チャールズ・ダーウィン

自《し》然《ぜん》科《か》学《がく》者《しゃ》、英《えい》国《こく》出《しゅっ》身《しん》、1809-1882、父《ちち》は医《い》師《し》・投《とう》資《し》家《か》、6人兄弟《にんきょうだい》の次《じ》男《なん》

進《しん》化《か》論《ろん》を唱《とな》えたチャールズ・ダーウィン。この偉《い》大《だい》なる生《せい》物《ぶつ》学《がく》者《しゃ》は、子《こ》どものころは「ポコ・クランテ（無《む》気《き》力《りょく》、無《む》関《かん》心《しん》な子《こ》ども）」と学《がっ》校《こう》の先《せん》生《せい》から言《い》われるほど、ボーッとしていました。友《とも》だちからもよくからかわれて、ばかにされる始《し》末《まつ》。あるとき、「この帽《ぼう》子《し》をこうやって振《ふ》ると、お金《かね》を払《はら》わずにお菓《か》子《し》が手《て》に入《はい》るぞ」とそそのかされ、そのとおりに行《こう》動《どう》し、お店《みせ》の主《しゅ》人《じん》に大《おお》目《め》玉《だま》をくらったとか。学《がく》業《ぎょう》のほうもさっぱりで、立《りっ》派《ぱ》な医《い》者《しゃ》であった祖《そ》父《ふ》と父《ちち》親《おや》をいつも嘆《なげ》かせていました。一《いっ》方《ぽう》で、昆《こん》虫《ちゅう》や草《くさ》花《ばな》、石《いし》を集《あつ》めて、科《か》学《がく》の本《ほん》を読《よ》み、自《じ》分《ぶん》で調《しら》べたり考《かんが》えたりするのは、大《だい》好《す》きでした。医《い》者《しゃ》になるために大《だい》学《がく》に進《しん》学《がく》するも、授《じゅ》業《ぎょう》には出《で》ずに動《どう》植《しょく》物《ぶつ》の研《けん》究《きゅう》ばかり。医《い》者《しゃ》がだめなら、牧《ぼく》師《し》になりなさいという父《ちち》の命《めい》令《れい》で、大《だい》学《がく》を変《か》えましたが、これまた植《しょく》物《ぶつ》の研《けん》究《きゅう》に没《ぼっ》頭《とう》。その後《ご》、調《ちょう》査《さ》船《せん》に乗《の》って動《どう》植《しょく》物《ぶつ》の調《ちょう》査《さ》に行《い》く話《はなし》があり、ぜひ参《さん》加《か》したいという彼《かれ》の熱《ねつ》意《い》に負《ま》けて、やっと父《ちち》の許《ゆる》しが下《お》りました。帰《き》国《こく》して23年《ねん》目《め》に『種《しゅ》の起《き》源《げん》』を発《はっ》表《ぴょう》し、世《せ》界《かい》を驚《おどろ》かせます。自《じ》分《ぶん》が好《す》きで続《つづ》けてきたものが、やっと形《かたち》になったのです。

私《わたし》たちは、毎《まい》年《とし》毎《まい》年《とし》違《ちが》った人《にん》間《げん》になる。一《いっ》生《しょう》同《おな》じ人《にん》間《げん》であるとは思《おも》わない。

● スティーブン・スピルバーグ、映《えい》画《が》監《かん》督《とく》、米《アメリカ》（1946-）

きみ自《じ》身《しん》がきみの世《せ》界《かい》だ。きみの生《い》き方《かた》で、きみの世《せ》界《かい》はいくらでもよくなっていく。

● ルートヴィヒ・ウィトゲンシュタイン、哲《てつ》学《がく》者《しゃ》、オーストリア（1889-1951）

自《じ》分《ぶん》らしくありなさい。世《せ》界《かい》はオリジナルを称《しょう》賛《さん》するのです。

● イングリッド・バーグマン、女《じょ》優《ゆう》、スウェーデン（1915-1982）

悲観主義者《ひかんしゅぎしゃ》はあらゆる機会《きかい》のなかに、問題《もんだい》を見出《みいだ》す。楽観主義者《らっかんしゅぎしゃ》は、あらゆる問題《もんだい》のなかに機会《きかい》を見出《みいだ》す。

国語《こくご》だけ点数《てんすう》よくない…どうしよう。
やったー！おれ、国語《こくご》の才能《さいのう》あるのかも。

ウィンストン・チャーチル
政治家《せいじか》

このひと

落《お》ちこぼれで怠《なま》け者《もの》、そして、いじめられっ子《こ》が偉大《いだい》な政治家《せいじか》になれた理由《りゆう》

ウィンストン・チャーチル

政治家《せいじか》・作家《さっか》、英出身《イギリスしゅっしん》、1874-1965、父《ちち》は貴族《きぞく》で政治家《せいじか》の名門《めいもん》生《う》まれ

英《えい》国《こく》史《し》上《じょう》最《さい》高《こう》の政治家《せいじか》として、その名《な》を残《のこ》すウィンストン・チャーチル。そんな彼《かれ》の子《こ》ども時代《じだい》は、実《じつ》は惨《みじ》めさと孤独《こどく》に満《み》ちていました。裕福《ゆうふく》な家《いえ》に生《う》まれたものの、両親《りょうしん》は政治《せいじ》と社交《しゃこう》に明《あ》け暮《く》れる毎日《まいにち》。乳母《うば》に育《そだ》てられても彼《かれ》の両親《りょうしん》に対《たい》する思慕《しぼ》の念《ねん》は強《つよ》く、8歳《さい》で寄宿学校《きしゅくがっこう》に入《はい》ってからも、「会《あ》いに来《き》てほしい」と何度《なんど》も手紙《てがみ》を書《か》くほどでした。その想《おも》いに応《こた》えてくれない両親《りょうしん》を恨《うら》むことはなく、財相《ざいしょう》だった父親《ちちおや》を尊敬《そんけい》し誇《ほこ》りにしていました。一方《いっぽう》で、学校《がっこう》では落《お》ちこぼれで、怠《なま》け者《もの》。おまけに運動《うんどう》もさっぱりで、いじめにあうことも。そんな彼《かれ》を支《ささ》えたのは負《ま》けん気《き》とプライド。父《ちち》のすすめで、3度《ど》の挑戦《ちょうせん》でやっと士官学校《しかんがっこう》へ入《はい》りました。入隊《にゅうたい》してしばらくしたころから政治《せいじ》に興味《きょうみ》を持《も》ち、読書《どくしょ》に没頭《ぼっとう》。戦地《せんち》に赴《おもむ》いた際《さい》、戦況《せんきょう》を新聞社《しんぶんしゃ》に送《おく》ることで文章力《ぶんしょうりょく》をきたえ、南《みなみ》アフリカで捕虜《ほりょ》になりますが脱走《だっそう》に成功《せいこう》。一躍名《いちやくな》をあげ、政界《せいかい》に進出《しんしゅつ》します。数々《かずかず》の名文《めいぶん》やスピーチを残《のこ》し、ノーベル文学賞《ぶんがくしょう》を授与《じゅよ》されるほどの文才《ぶんさい》は、学校《がっこう》の最下位《さいかい》クラスで、外国語《がいこくご》ではなく徹底的《てっていてき》に国語《こくご》（英語《えいご》）を勉強《べんきょう》することで磨《みが》かれたといわれています。

人間《にんげん》の驚嘆《きょうたん》すべき特質《とくしつ》のひとつは、「マイナスをプラスに変《か》える」能力《のうりょく》である。

● デール・カーネギー、著述家《ちょじゅつか》、米《アメリカ》（1888-1955）

逃《に》げない、はればれと立《た》ち向《む》かう。それがぼくのモットーだ。

● 岡本太郎《おかもとたろう》、彫刻家《ちょうこくか》（1911-1996）

暗示《あんじ》かけちゃうの、自分《じぶん》に。「おれは、才能《さいのう》があるんだ」「すばらしいんだ」と思《おも》わないかぎりやってられないもんね。

● 矢沢永吉《やざわえいきち》、歌手《かしゅ》・音楽家《おんがくか》（1949-）

悪口《わるぐち》にふりまわされない

あの子《こ》ひとりで勉強《べんきょう》してるよ。
意識《いしき》高《たか》〜っ。
ウチらのこと、バカにしてんだよ。

私《わたし》は、軽蔑《けいべつ》されても侮辱《ぶじょく》されても、その立腹《りっぷく》をほかに移《うつ》して他人《たにん》を辱《はずかし》めることはできない。
福沢《ふくざわ》諭吉《ゆきち》
教育者《きょういくしゃ》

この  ひと

ねたまれても
いやがらせをされても
無視《むし》し、
学問《がくもん》に邁進《まいしん》する

福沢諭吉《ふくざわゆきち》

教育者《きょういくしゃ》・蘭学者《らんがくしゃ》、中津藩出身《なかつはんしゅっしん》、
1835-1901、父《ちち》は儒学者《じゅがくしゃ》、兄弟《きょうだい》の次男《じなん》

慶《けい》應義塾大学《おうぎじゅくだいがく》の創始者《そうししゃ》、福沢諭吉《ふくざわゆきち》は、下級武士《かきゅうぶし》の家《いえ》の出《で》で、小《ちい》さいころから、学業優秀《がくぎょうゆうしゅう》。学業《がくぎょう》に邁進《まいしん》して、中津藩一《なかつはんいち》といわれる存在《そんざい》でした。時《とき》は、徳川幕府《とくがわばくふ》が治《おさ》める封建時代《ほうけんじだい》。「下級武士《かきゅうぶし》のくせに」と陰口《かげぐち》をたたかれて、いやがらせを受《う》けます。そんな彼《かれ》の姿《すがた》を見《み》るに見《み》かねて、藩《はん》に仕《つか》えていた兄《あに》が、長崎《ながさき》に勉強《べんきょう》に行《い》くようにすすめてくれました。そこで必死《ひっし》にオランダ語《ご》を勉強《べんきょう》し、鉄砲《てっぽう》や大砲《たいほう》などを扱《あつか》う砲術《ほうじゅつ》も身《み》につけます。ここでもまた、諭吉《ゆきち》を快《こころよ》く思《おも》わない人《ひと》がいました。中津藩家老《なかつはんかろう》の息子《むすこ》です。自分《じぶん》より身分《みぶん》の低《ひく》い諭吉《ゆきち》が優《すぐ》れているのが許《ゆる》せない彼《かれ》は、諭吉《ゆきち》の母親《ははおや》が病気《びょうき》だというウソの情報《じょうほう》を渡《わた》して、彼《かれ》が故郷《こきょう》に帰《かえ》るようにしむけたのです。諭吉《ゆきち》にはそれがわかっていたのですが、黙《だま》って長崎《ながさき》をあとにしました。「天《てん》は人《ひと》の上《うえ》に人《ひと》をつくらず、人《ひと》の下《した》に人《ひと》をつくらず」という彼《かれ》の言葉《ことば》は、こうした経験《けいけん》から来《き》ています。階級《かいきゅう》など関係《かんけい》なく、その個人《こじん》の能力《のうりょく》を認《みと》めるべきだと。結局《けっきょく》、諭吉《ゆきち》は中津《なかつ》には帰《かえ》らず、大阪《おおさか》に行《い》き、高名《こうめい》な蘭学医《らんがくい》に入門《にゅうもん》し、学問《がくもん》を再開《さいかい》。その出来事《できごと》が、さらに諭吉《ゆきち》の人生《じんせい》を発展《はってん》させることになったのです。

私《わたし》はまた、私《わたし》の敵《てき》にも感謝《かんしゃ》しなければならない。彼《かれ》らが私《わたし》を失望《しつぼう》させようとしたことが、かえってこの仕事《しごと》をやりとおす力《ちから》を私《わたし》に与《あた》えたのである。

● ジョモ・ケニヤッタ、政治家《せいじか》、ケニア（1893-1978）

いやなことばかりでも、人間《にんげん》の本性《ほんしょう》はやっぱり善《ぜん》なのだと、私《わたし》はいまでも信《しん》じている。

● アンネ・フランク、作家《さっか》、独《ドイツ》（1929-1945）

もっともよい復讐《ふくしゅう》の方法《ほうほう》は、自分《じぶん》まで同《おな》じ行為《こうい》をしないことだ。

● アウレリウス、皇帝《こうてい》、古代《こだい》ローマ（121-180）

小《ちい》さな話《はなし》1

ひとりが好《す》きで、集団《しゅうだん》が苦手《にがて》なきみへ

友《とも》だちがいない、グループで行動《こうどう》するのが苦手《にがて》というきみ。学校《がっこう》では、何《なに》かというとグループで行動《こうどう》させられます。学習《がくしゅう》をはじめ、研究《けんきゅう》、レクリエーションなど。そこでなじめないと、「協調性《きょうちょうせい》がない」とレッテルを貼《は》られてしまう……。クラスメイトからも、友《とも》だちがいないと〝ぼっち〟と言《い》って、からかわれる。誰《だれ》かといっしょにいないと、人間《にんげん》として欠陥《けっかん》があるのではないか、と思《おも》われてしまう。

そういう傾向《けいこう》に警鐘《けいしょう》を鳴《な》らすのが、お笑《わら》い界《かい》の巨人《きょじん》といわれるタレントのタモリです。

「もうそろそろ、友《とも》だちがいないと恥《は》ずかしいみたいな風潮《ふうちょう》は終《お》わりにしないとね」と彼《かれ》は言《い》います。「友《とも》だちがたくさんいないといけないという教育《きょういく》はおかしい」と。

幼《おさな》いころから、大人《おとな》びた性格《せいかく》、くわえて複雑《ふくざつ》な家庭環境《かていかんきょう》で育《そだ》ち、かなり変《か》わった子《こ》どもだったタモリ。幼稚園《ようちえん》を見学《けんがく》に行《い》った際《さい》、「ギンギンギラギラ、夕日《ゆうひ》がしずむ～♪」

を、手《て》をひらひらさせながら歌《うた》っている園児《えんじ》たちを見《み》て、「おれは、とてもこんなことできない！」と、入園《にゅうえん》を拒否《きょひ》。小学校《しょうがっこう》に入《はい》るまで、坂道《さかみち》に立《た》ってひたすら人間観察《にんげんかんさつ》を続《つづ》けたそうです。

小学《しょうがく》３年生《ねんせい》のときには、事故《じこ》で右目《みぎめ》を失明《しつめい》。けれども、ふさぎこむこともなく、野球《やきゅう》をやったり、劇《げき》の台本《だいほん》を書《か》いたり……。家《いえ》に帰《かえ》れば、祖母《そぼ》に教《おし》えてもらいながら、料理《りょうり》に精《せい》を出《だ》し、港《みなと》でボーッと大好《だいす》きな船《ふね》を眺《なが》め、通《とお》りで人間観察《にんげんかんさつ》に興《きょう》じるマイペースぶり。人《ひと》からどう思《おも》われるかなどは気《き》にせず、自分《じぶん》の興味《きょうみ》のあることにひらすら熱中《ねっちゅう》していました。

大学《だいがく》を中退《ちゅうたい》し、サラリーマンからタレント・タモリとしてデビューするまでのいきさつは有名《ゆうめい》です。いろいろな人《ひと》との出会《であ》いで、天性《てんせい》の才能《さいのう》と、ひとりのときに蓄積《ちくせき》した〝笑《わら》い〟のベースを見出《みいだ》され、いまや大御所《おおごしょ》となったタモリ。いまでも「友《とも》だち少《すく》ない。友《とも》だちなんかいらないって」と言《い》います。「あの歌《うた》が大嫌《だいきら》いなんだよ。小学校《しょうがっこう》に入《はい》ったら『友《とも》だち１００人《にん》できるかな』って。そんなことで人生決《じんせいき》めんじゃないよ」。

友《とも》だちがいないと悩《なや》むより、まず自分《じぶん》が自分《じぶん》であることを心地《ここち》よく感《かん》じることを実践《じっせん》してみてください。なんでもいい。好《す》きなこと、興味《きょうみ》があることをやってみる。そうすれば、きみの世界《せかい》は、違《ちが》う方向《ほうこう》にひろがっていくはずです。

第《だい》2章《しょう》

情熱《じょうねつ》をもって生《い》きたいなら

きみの好《す》きなことは何《なに》？

ジョン・レノン
音楽家《おんがくか》・元《もと》ビートルズ

このひと

読書《どくしょ》でさびしさを まぎらわせ、 音楽《おんがく》に出合《であ》って 人生《じんせい》が動《うご》き出《だ》す

ジョン・レノン

ミュージシャン、英《イギリス》リバプール出身《しゅっしん》、

1940-1980

伝《でん》説的《せってき》なイギリスのロックバンド、ビートルズのジョン・レノン。船員《せんいん》の父親《ちちおや》は家《いえ》におらず、母《はは》親《おや》は働《はたら》いていたため母親《ははおや》の姉夫婦《あねふうふ》に育《そだ》てられました。5歳《さい》のときに父親《ちちおや》が帰《かえ》ってきたのですが、母親《ははおや》はすでに別《べつ》の人《ひと》と暮《く》らしていたため、それっきり。ほかの子《こ》どもたちはいつも家《いえ》に父母《ふぼ》がいて、楽《たの》しく暮《く》らしている。とくに、さびしさが募《つの》るのは、誕生日《たんじょうび》やクリスマスのときです。そんな彼《かれ》に、4歳《さい》のころから伯父《おじ》が読《よ》み書《か》きを教《おし》えてくれました。毎晩《まいばん》、新聞《しんぶん》を教材《きょうざい》に、一言《ひとこと》ずつ読《よ》み方《かた》を習《なら》い、それを書《か》き取《と》るという方法《ほうほう》でした。文字《もじ》を覚《おぼ》えると本《ほん》に夢中《むちゅう》になりました。おもちゃには目《め》もくれず、世界《せかい》短編《たんぺん》傑作集《けっさくしゅう》を何度《なんど》も読《よ》み返《かえ》し、お気《き》に入《い》りの作家《さっか》はフランスのバルザック。『不思議《ふしぎ》の国《くに》のアリス』は暗唱《あんしょう》できるまで読《よ》み、言葉遊《ことばあそ》びも夢中《むちゅう》でした。学校《がっこう》でも成績優秀《せいせきゆうしゅう》でしたが、ある日《ひ》、母親《ははおや》からギターをプレゼントされ、音楽《おんがく》にのめりこみました。「これこそが、自分《じぶん》でやりたいこと」にやっと出合《であ》ったのです。のちに、小《ちい》さいころ、新聞《しんぶん》、本《ほん》におおいにふれたことが、詩《し》を書《か》くときに役《やく》に立《た》ったと語《かた》っています。

自分《じぶん》の道《みち》を歩《あゆ》みなさい。他人《たにん》には好《す》きに語《かた》らせなさい。

● カール・マルクス、哲学者《てつがくしゃ》、英《イギリス》（1818-1883）

不安《ふあん》を感《かん》じている間《あいだ》って、自分《じぶん》らしく生《い》きられないんですよ。それよりも、自分《じぶん》の好《す》きな道《みち》を進《すす》め。

● 平尾誠二《ひらおせいじ》、ラグビー選手《せんしゅ》（1963-2016）

好《す》きなことならコツコツ努力《どりょく》することもつらくない。楽《たの》しみながら、いつの間《ま》にか何《なに》かをつかむこともできる。だから、好《す》きなことを見《み》つけて、それを一生《いっしょう》やっていってほしい。

● やなせたかし、漫画家《まんがか》（1919-2013）

性別《せいべつ》にとらわれない

人生《じんせい》でいちばん大事《だいじ》なことは、いつも満《み》たされた心《こころ》でいることです。

新島八重《にいじまやえ》
教育者《きょういくしゃ》

この  ひと

「女《おんな》のくせに」と非難《ひなん》されても、自分《じぶん》の生《い》きたいように生《い》きた女傑《じょけつ》

新島八重《にいじまやえ》

教育者《きょういくしゃ》・看護師《かんごし》、会津藩出身《あいづはんしゅっしん》、1845-1932、砲術師範《ほうじゅつしはん》の娘《むすめ》

幕《ばく》末《まつ》のジャンヌ・ダルクといわれた新島八重《にいじまやえ》。明治元年《めいじがんねん》、旧《きゅう》幕府軍側《ばくふぐんがわ》の会津城《あいづじょう》は、徳川幕府《とくがわばくふ》に反《はん》対《たい》する新政府軍《しんせいふぐん》に囲《かこ》まれていました。それまでに兵士《へいし》たちは打《う》ち負《ま》かされ、残《のこ》るは老兵《ろうへい》、少年兵《しょうねんへい》たちばかり。女《じょ》子《し》はたすきをかけ、やりを持《も》って城内《じょうない》に潜《ひそ》んでいたなか、彼女《かのじょ》は髪《かみ》を切《き》り、男物《おとこもの》の着物《きもの》と袴《はかま》で鉄砲《てっぽう》を持《も》ち、男《おとこ》たちのなかで奮闘《ふんとう》したのです。八重《やえ》は砲術《ほうじゅつ》の先生《せんせい》の娘《むすめ》として生《う》まれ、小《ちい》さいころから、女子《じょし》が裁縫《さいほう》や料理《りょうり》を習《なら》うだけの教育《きょういく》に疑問《ぎもん》をもっていました。父《ちち》や兄《あに》が、そんな彼女《かのじょ》の心情《しんじょう》を理解《りかい》し、学問《がくもん》や砲術《ほうじゅつ》を教《おし》えてくれたのです。母親《ははおや》は、自分《じぶん》の頭《あたま》で考《かんが》えて判断《はんだん》をする女性《じょせい》で、その影響《えいきょう》を受《う》け、彼女《かのじょ》も自分《じぶん》の意見《いけん》をもち、はっきり口《くち》にする性格《せいかく》でした。会津戦争《あいづせんそう》では全面降伏《ぜんめんこうふく》。八重《やえ》の家族《かぞく》は苦《くる》しい生活《せいかつ》を余儀《よぎ》なくされますが、その後京都《ごきょうと》に移住《いじゅう》。同志社女子大《どうししゃじょしだい》を設立《せつりつ》し、看護師《かんごし》として日本赤十字社《にほんせきじゅうじしゃ》の正社《せいしゃ》員《いん》として活躍《かつやく》。「女《おんな》だてらに」と陰口《かげぐち》をたたかれても、自分《じぶん》らしさを貫《つらぬ》き激《げき》動《どう》の時代《じだい》を駆《か》け抜《ぬ》けていきました。同志社大学《どうししゃだいがく》を創立《そうりつ》した夫《おっと》の新島襄《にいじまじょう》は、「彼女《かのじょ》の生《い》き方《かた》はハンサムなのです」と友人《ゆうじん》への手紙《てがみ》に書《か》いています。

あなたに対《たい》する扇動《せんどう》、嘘《うそ》や中傷《ちゅうしょう》などには、堂々《どうどう》としていることです。堂々《どうどう》たる落《お》ち着《つ》きがそういうことには唯一《ゆいいつ》の武器《ぶき》です。

ヘンリック・イプセン、劇作家《げきさっか》、ノルウェー（1828-1906）

行動《こうどう》する前《まえ》から、たたかれてしまうこともあります。それでも行動《こうどう》するのが、本当《ほんとう》の勇気《ゆうき》です。

ハーパー・リー、小説家《しょうせつか》、米《アメリカ》（1926-2016）

人《ひと》に認《みと》められたいなんて思《おも》わないで、己《おのれ》を貫《つらぬ》くことだ。でなければ、自分《じぶん》を賭《か》けてやっていくことを見《み》つけることはできないのだから。

岡本太郎《おかもとたろう》、彫刻家《ちょうこくか》・芸術家《げいじゅつか》（1911-1996）

はじめる将棋

心《こころ》はいくらでも自《じ》由《ゆう》になれる

将棋《しょうぎ》は頭《あたま》の善《よ》し悪《あ》しを競《きそ》うものではない。心《こころ》の強《つよ》さを競《きそ》うものだ。

村山《むらやま》 聖《さとし》
将棋棋士《しょうぎきし》

このひと

かぎられた命《いのち》を、将棋《しょうぎ》に情熱《じょうねつ》を注《そそ》ぎ、燃《も》えつきた棋士《きし》

村山《むらやま》 聖《さとし》

将棋棋士《しょうぎきし》、広島県出身《ひろしまけんしゅっしん》、
1969-1998、3兄姉《きょうだい》の次男《じなん》

「東《ひがし》に羽生《はぶ》がいれば、西《にし》には村《むら》山《やま》がいる」と称《しょう》された天才《てんさい》棋士《き し》、村山聖《むらやまさとし》。彼《かれ》は、5歳《さい》のとき腎《じん》ネフローゼという難病《なんびょう》にかかり、入《にゅう》院生活《いんせいかつ》を送《おく》ることに。学校《がっこう》にも行《い》くことができず、じっとベッドで安静《あんせい》にする生活《せいかつ》は、活発《かっぱつ》な彼《かれ》にとって耐《た》えられません。気晴《きば》らしのために、父親《ちちおや》が教《おし》えたのが将棋《しょうぎ》でした。その魅力《みりょく》に、とりつかれた彼《かれ》は、独学《どくがく》で力《ちから》をつけていきます。同時《どうじ》に、癇癪《かんしゃく》もちで不安定《ふあんてい》な精神状態《せいしんじょうたい》が落《お》ち着《つ》き、不自由《ふじゆう》な生《せい》活《かつ》も将棋《しょうぎ》の勉強《べんきょう》に有利《ゆうり》と考《かんが》えるようになりました。やがて彼《かれ》の胸《むね》に「名人《めいじん》になりたい」という夢《ゆめ》が芽生《めば》えます。体《からだ》の調子《ちょうし》がいいときは外《そと》で対局《たいきょく》し、あっという間《ま》に、広島《ひろしま》では誰《だれ》にも負《ま》けない腕前《うでまえ》に。中学《ちゅうがく》に入《はい》ると「名人候補《めいじんこうほ》の谷《たに》川浩司《がわこうじ》を倒《たお》すには、いましかない」と反対《はんたい》するまわりを説得《せっとく》し、師匠《ししょう》のもとに弟子入《でしい》りします。負《ま》けん気《き》の強《つよ》さと努力《どりょく》で勝利《しょうり》を重《かさ》ね、プロとしてA《エー》級《きゅう》に昇進《しょうしん》。その矢先《やさき》、膀胱《ぼうこう》がんを発症《はっしょう》し、29歳《さい》の若《わか》さで逝去《せいきょ》。ひとつもタイトルをとれず、無念《むねん》の死《し》かと思《おも》いきや、彼《かれ》はこう述《の》べています。「病気《びょうき》が自分《じぶん》の将棋《しょうぎ》を強《つよ》くし、ある意味《いみ》では自分《じぶん》の人生《じんせい》を豊《ゆた》かなものにしているのだ」。

情熱《じょうねつ》をもって
きみたちの使命《しめい》を愛《あい》せよ。
これより
美《うつく》しいことはない。

● オーギュスト・ロダン、彫刻家《ちょうこくか》、仏《フランス》
（1840-1917）

人生《じんせい》は、
生《い》かされてるんじゃない。
生《い》きる人生《じんせい》で
なきゃいけない。

● 中村天風《なかむらてんぷう》、
実業家《じつぎょうか》・思想家《しそうか》
（1876-1968）

病気《びょうき》や落《お》ちこんでいる
ときでも、
私《わたし》は人生《じんせい》を愛《あい》する。

● アルトゥール・ルービンシュタイン、ピアニスト、米《アメリカ》
（1887-1982）

やりたいことに素《す》直《なお》にとびこむ

……
イングリッド・バーグマン
映画女優《えいがじょゆう》
直観《ちょっかん》を鍛《きた》えなさい。
内《うち》なる小《ちい》さな声《こえ》を信《しん》じなさい。
あなたがどうすればいいかを教《おし》えてくれます。
ぼ、ぼくも一緒《いっしょ》に弾《ひ》いていい？

この  **ひと**

小《ちい》さいころから演《えん》じるのが好《す》き、その好《す》きな分野《ぶんや》で成功《せいこう》した人《ひと》

イングリッド・バーグマン

映画女優《えいがじょゆう》、スウェーデン出身《しゅっしん》、1915-1982、父《ちち》は、芸術家《げいじゅつか》・カメラマン

映《えい》画《が》『カサブランカ』『誰《た》が為《ため》に鐘《かね》は鳴《な》る』などに主演《しゅえん》し、ハリウッドの大女優《だいじょゆう》として知《し》られ、舞台《ぶたい》でも活躍《かつやく》したイングリッド・バーグマン。彼女《かのじょ》は、3歳《さい》で母親《ははおや》を亡《な》くし、父親《ちちおや》に育《そだ》てられます。幼《おさな》いころから、仮装《かそう》することが大好《だいす》き。おかしな帽子《ぼうし》をかぶってパイプを口《くち》にくわえ、めがねをかけて変身《へんしん》する彼女《かのじょ》を、父親《ちちおや》は喜々《きき》として手伝《てつだ》ってくれました。写真家《しゃしんか》だった父親《ちちおや》が、彼女《かのじょ》が変装《へんそう》してふざける姿《すがた》を熱心《ねっしん》に撮影《さつえい》していたほど。そんなとき、イングリッドは、鏡《かがみ》の前《まえ》で、大《おお》きな熊《くま》やおばあさん、お姫様《ひめさま》などあらゆる役《やく》を演《えん》じていたそうです。まだ文字《もじ》が読《よ》める前《まえ》から演技《えんぎ》ごっこをしていたので、役柄《やくがら》を自分《じぶん》で考《かんが》えてなりきることが得意《とくい》でした。11歳《さい》のときに、父親《ちちおや》に初《はじ》めて連《つ》れられ劇場《げきじょう》へ。舞台《ぶたい》を見《み》て、驚《おどろ》きました。家《いえ》で自分《じぶん》がやっていたのと同《おな》じことを、大人《おとな》たちが舞台《ぶたい》の上《うえ》でやっていたから。しかも、それでお金《かね》をもらっている！「パパ、あれよ。私《わたし》が将来《しょうらい》やりたいのは！」と叫《さけ》びました。その後《ご》、彼女《かのじょ》は迷《まよ》うことなく女優人生《じょゆうじんせい》を歩《ある》いていくのです。

あなたが何《なに》に焦点《しょうてん》を当《あ》てるかによって、あなたの現実《げんじつ》は変《か》わる。

● ジョージ・ルーカス、映画監督《えいがかんとく》、米《アメリカ》（1944－）

望《のぞ》むものはすでにあなたのなかにある。奇跡《きせき》はあなたを待《ま》っている。

● ジョー・ヴィターレ、実業家《じつぎょうか》・著述家《ちょじゅつか》、米《アメリカ》（1953－）

あなたがいま、まく種《たね》は、やがてあなたの未来《みらい》となって現《あらわ》れる。

● 夏目漱石《なつめそうせき》、作家《さっか》（1867－1916）

生《い》きる意味《いみ》がわからなくても

生《い》きがいとは、自分《じぶん》を徹底的《てっていてき》に大事《だいじ》にすることから始《はじ》まる。

日野原重明《ひのはらしげあき》
医師《いし》

この  ひと

患者《かんじゃ》に寄《よ》りそう医療《いりょう》へ、病院《びょういん》の改革《かいかく》をすすめた医者《いしゃ》

日野原重明《ひのはらしげあき》

医師《いし》・医学者《いがくしゃ》、山口県出身《やまぐちけんしゅっしん》、1911-2017、父《ちち》は牧師《ぼくし》、6人兄弟《にんきょうだい》の次男《じなん》

105歳《さい》まで、現役《げんえき》の医師《いし》として医療《いりょう》や講演《こうえん》に活躍《かつやく》した日野《ひの》原重明《はらしげあき》。父親《ちちおや》が牧師《ぼくし》で質素《しっそ》な生活《せいかつ》を送《おく》っていた10歳《さい》のとき、愛《あい》する母親《ははおや》が倒《たお》れます。深刻《しんこく》な病状《びょうじょう》で心配《しんぱい》する彼《かれ》に、医師《いし》が「大丈夫《だいじょうぶ》だよ」と言《い》って、懸命《けんめい》に治療《ちりょう》を施《ほどこ》し、助《たす》けてくれました。そのとき、人《ひと》を助《たす》ける医師《いし》になろうと決意《けつい》します。がむしゃらに腕《うで》を磨《みが》いていたあるとき、飛行機《ひこうき》のハイジャック事件《じけん》に巻《ま》きこまれます。無事《ぶじ》に助《たす》かったあと、これからは人《ひと》のことをより大事《だいじ》にする医療《いりょう》を目指《めざ》そうと決心《けっしん》します。日本《にほん》で初《はじ》めて「人間《にんげん》ドック」を開設《かいせつ》。成人病《せいじんびょう》を生活習慣病《せいかつしゅうかんびょう》と改名《かいめい》し、「予防医学《よぼういがく》」の考《かんが》え方《かた》をいち早《はや》く、取《と》り入《い》れます。また、治療《ちりょう》ができない患者《かんじゃ》さんが心穏《こころおだ》やかに最期《さいご》を迎《むか》えることができる「終末医療《しゅうまついりょう》」にも力《ちから》を注《そそ》ぎ、日本《にほん》で初《はじ》めてホスピス（緩和《かんわ》ケア専《せん》門《もん》の病院《びょういん》）もつくります。それは、ある少女《しょうじょ》のことが忘《わす》れられないからでした。医師《いし》になったばかりのときに、どんどん弱《よわ》っていく彼女《かのじょ》を、母親《ははおや》が来《く》るまで生《い》かそうと心臓《しんぞう》を動《うご》かす注射《ちゅうしゃ》を打《う》ち続《つづ》けたのです。そのときの苦痛《くつう》にゆがんだ顔《かお》が、医師《いし》としてのあり方《かた》を教《おし》えてくれていたことに気《き》づいたのです。

いつも自分《じぶん》をきれいに明《あか》るく磨《みが》いておくように。あなたは自分《じぶん》という窓《まど》をとおして世界《せかい》を見《み》るのだから。

バーナード・ショー、劇作家《げきさっか》、アイルランド（1856-1950）

英雄《えいゆう》とは、自分《じぶん》のできることをする人《ひと》だ。

ロマン・ロラン、作家《さっか》、仏《フランス》（1866-1944）

人《ひと》は、ハッピーなときにベストの仕事《しごと》ができる。

ビリー・ワイルダー、映画監督《えいがかんとく》、米《アメリカ》（1906-2002）

苦《くる》しみのなかにも学《まな》びがある

この  ひと

弱者《じゃくしゃ》の心情《しんじょう》を写真《しゃしん》に切《き》り取《と》り、世界《せかい》に発信《はっしん》した写真家《しゃしんか》

ユージン・スミス

写真家《しゃしんか》、米《アメリカ》カンザス州出身《しゅうしゅっしん》、
1918-1978、小麦商《こむぎしょう》の父《ちち》は破産《はさん》して自殺《じさつ》

ユージン・スミスは、水俣病《みなまたびょう》の実態《じったい》を写真《しゃしん》におさめ、その悲《ひ》惨《さん》さを世界《せかい》に訴《うった》えた報道写真家《ほうどうしゃしんか》です。若《わか》いころから、彼《かれ》は戦争《せんそう》の最前線《さいぜんせん》におもむき、犠牲《ぎせい》になった一般人《いっぱんじん》の嘆《なげ》きや悲《かな》しみ、兵士《へいし》たちの苦悩《くのう》する姿《すがた》を克明《こくめい》に写真《しゃしん》で記録《きろく》し、発信《はっしん》していました。ある日《ひ》、日本《にほん》の熊本県水俣市《くまもとけんみなまたし》で水俣病《みなまたびょう》により苦《くる》しむ人《ひと》たちのことを知《し》りました。毒性《どくせい》の強《つよ》い水銀《すいぎん》（金属《きんぞく》の一《いっ》種《しゅ》）で汚染《おせん》された工場《こうじょう》の排水《はいすい》が、海《うみ》に流《なが》れこみ、その海《うみ》でとれた魚《さかな》を食《た》べた住人《じゅうにん》が神経障害《しんけいしょうがい》を起《お》こすのです。彼《かれ》は水俣《みなまた》に移《うつ》り住《す》んで、その実態《じったい》にカメラを向《む》けることに。手足《てあし》がまがり、寝《ね》たきりになった子《こ》どもを世話《せわ》する母親《ははおや》、知的障害者《ちてきしょうがいしゃ》になった親《おや》を介護《かいご》する若《わか》い夫婦《ふうふ》……。それまで健康《けんこう》で生活《せいかつ》を楽《たの》しんでいた人《ひと》たちに突然訪《とつぜんおとず》れた過酷《かこく》な現実《げんじつ》。彼《かれ》は、そのシーンを数々《かずかず》の写真《しゃしん》に切《き》り取《と》り、発表《はっぴょう》しました。すると、日本中《にほんじゅう》に水俣病《みなまたびょう》が知《し》れ渡《わた》り、工場反対運《こうじょうはんたいうん》動《どう》が起《お》こります。彼《かれ》もその運動《うんどう》に加《くわ》わり、被害者家族《ひがいしゃかぞく》とともに闘《たたか》います。集《しゅう》団交渉《だんこうしょう》の際《さい》、暴行《ぼうこう》を受《う》け重傷《じゅうしょう》を負《お》ったあと「患者《かんじゃ》さんの怒《いか》り苦《くる》しみ、悔《くや》しさを自分《じぶん》のものとして感《かん》じられるようになった」と語《かた》っています。

自分《じぶん》はまったく傷《きず》つかないままで、正義《せいぎ》を行《おこな》うことは非常《ひじょう》に難《むずか》しい。

やなせたかし、漫画家《まんがか》（1919-2013）

問題《もんだい》になっていることに沈黙《ちんもく》するようになったとき、我々《われわれ》の命《いのち》は終《お》わりに向《む》かいはじめる。

マーティン・ルーサーキング、公民権運動家《こうみんけんうんどうか》、米《アメリカ》（1929-1968）

たとえ正義《せいぎ》が踏《ふ》みにじられることがあっても、悪《あく》が勝利《しょうり》することはけっしてない。

ヘレン・ケラー、社会福祉活動家《しゃかいふくしかつどうか》、米《アメリカ》（1880-1968）

勉強《べんきょう》がつまらないきみへ

ガリ勉《べん》なんかダサいじゃん。
私《わたし》は勉強《べんきょう》がんばるの、カッコいいと思《おも》うけど。
え…そうなん？
環境《かんきょう》より、学《まな》ぶ意志《いし》があればいい。

津田梅子《つだうめこ》
教育者《きょういくしゃ》

この  ひと

日本《にほん》の女子教育《じょしきょういく》のために、人生《じんせい》を捧《ささ》げた教育者《きょういくしゃ》

津田梅子《つだうめこ》

教育者《きょういくしゃ》・津田塾大学創設者《つだじゅくだいがくそうせつしゃ》、東京都《とうきょうと》出身《しゅっしん》、1864-1929、旧幕臣《きゅうばくしん》・北海道開拓使嘱託《ほっかいどうかいたくしいたく》の父《ちち》、次女《じじょ》

1871年《ねん》、アメリカへの岩倉《いわくら》使節団《しせつだん》のなかに最年少《さいねんしょう》の少女《しょうじょ》がいました。当時《とうじ》、6歳《さい》の津田梅子《つだうめこ》。政府《せいふ》の方針《ほうしん》により10年間《ねんかん》アメリカ人《じん》の家庭《かてい》に滞在《たいざい》し、教育《きょういく》を受《う》けるためです。留学経験《りゅうがくけいけん》がある父親《ちちおや》が、娘《むすめ》にも西洋《せいよう》の進《すす》んだ文化《ぶんか》や学問《がくもん》を学《まな》ばせたかったのです。アメリカでは子《こ》どものいない夫婦《ふうふ》に実子《じっし》のように愛《あい》されて成長《せいちょう》し、優秀《ゆうしゅう》な成績《せいせき》で高校《こうこう》を卒業《そつぎょう》。帰国《きこく》後《ご》、自分《じぶん》の留学《りゅうがく》に使《つか》われた多大《ただい》な税金《ぜいきん》のことを聞《き》き、「国《くに》のために一生懸命《いっしょうけんめい》働《はたら》いて恩返《おんがえ》しをしよう」と決心《けっしん》します。しかし、日本《にほん》では彼女《かのじょ》にふさわしい仕事《しごと》はなく、日本語《にほんご》をすっかり忘《わす》れて苦労《くろう》することに。また、彼女《かのじょ》は日本《にほん》の女性《じょせい》の地位《ちい》が低《ひく》く、女性《じょせい》の自立《じりつ》のためには高等教育《こうとうきょういく》が欠《か》かせないと痛感《つうかん》します。自分《じぶん》が学校《がっこう》をつくって国《くに》の恩《おん》に報《むく》いようと、高度《こうど》な教育《きょういく》を受《う》けるために再度留学《さいどりゅうがく》。資金集《しきんあつ》めに奔走《ほんそう》し、女子英学塾《じょしえいがくじゅく》を創設《そうせつ》。少人数《しょうにんずう》でスタートした学《がっ》校《こう》は、厳《きび》しく個性《こせい》に応《おう》じた教育《きょういく》により順調《じゅんちょう》に発展《はってん》し、世《よ》に出《で》て活躍《かつやく》する女性《じょせい》を輩出《はいしゅつ》する学校《がっこう》となりました。死《し》の間際《まぎわ》に「世界中《せかいじゅう》で活躍《かつやく》しているみなさんを見《み》て、私《わたし》がどれほど喜《よろこ》んでいるか」と同窓会《どうそうかい》の会報《かいほう》に便《たよ》りを寄《よ》せています。

一人《ひとり》の子《こ》ども、
一人《ひとり》の教師《きょうし》、
一冊《いっさつ》の本《ほん》、一本《いっぽん》のペン、
それで世界《せかい》は
変《か》えられます。
教育《きょういく》こそがただ一《ひと》つの
解決策《かいけつさく》なのです。

マララ・ユスフザイ、人権活動家《じんけんかつどうか》、パキスタン（1997-）

教育《きょういく》こそが
未来《みらい》へのパスポートだ。
明日《あした》という日《ひ》は、
今日《きょう》準備《じゅんび》する人《ひと》たちの
ものである。

マルコムX、公民権運動家《こうみんけんうんどうか》、米《アメリカ》（1925-1965）

人々《ひとびと》に教育《きょういく》を受《う》けさせ
なければ、彼《かれ》らは簡単《かんたん》に
操《あやつ》られてしまうだろう。

ペレ、サッカー選手《せんしゅ》、ブラジル（1940-）

「夢中《むちゅう》」がきみをかがやかせる

行ってきまーす
おはようございます
えっ、いつも走《はし》って学校《がっこう》行ってるの？
うん。
おはようございます！
おはよう。
愚《おろ》かなりとも、努力《どりょく》を続《つづ》ける者《もの》が最後《さいご》の勝利者《しょうりしゃ》になる。

人見絹枝《ひとみきぬえ》
陸上競技選手《りくじょうきょうぎせんしゅ》

このひと

ひたすら走《はし》り、日本女性《にほんじょせい》のスポーツの道《みち》を拓《ひら》く

人見絹枝《ひとみきぬえ》

陸上競技選手《りくじょうきょうぎせんしゅ》・新聞記者《しんぶんきしゃ》、岡山県出身《おかやまけんしゅっしん》、1907-1931

着《き》物《もの》で生活《せいかつ》する人《ひと》がほとんどで、女性《じょせい》が手足《てあし》を出《だ》して競技《きょうぎ》するのははしたないと思《おも》われていた時代《じだい》。そんな差別《さべつ》が濃厚《のうこう》ななか、日本人女性《にほんじんじょせい》として、初《はじ》めてオリンピックで銀《ぎん》メダルをとったのが人見絹枝《ひとみきぬえ》です。

自然《しぜん》のなかを駆《か》けまわって育《そだ》った彼女《かのじょ》は、勉強《べんきょう》も優秀《ゆうしゅう》で、高等女学校《こうとうじょがっこう》に進学《しんがく》。そこでテニスに出合《であ》います。運動神経抜群《うんどうしんけいばつぐん》の彼女《かのじょ》は、あっという間《ま》に県大会《けんたいかい》で優勝《ゆうしょう》。ある日《ひ》、コートのまわりを走《はし》っていると、先生《せんせい》の目《め》にとまり陸上競《りくじょうきょう》技大会《ぎたいかい》に出場《しゅつじょう》させられ、いきなり走《はし》り幅跳《はばと》びで日本記録《にほんきろく》を達成《たっせい》します。卒業《そつぎょう》後《ご》は、国語《こくご》の教師《きょうし》になるつもりだったのですが、先生《せんせい》から熱心《ねっしん》に体操塾《たいそうじゅく》（体《たい》育大学《いくだいがく》）に行《い》きなさいとすすめられ、東京《とうきょう》へ。厳《きび》しい練習《れんしゅう》に耐《た》え、三段跳《さんだんと》びで世界記録《せかいきろく》を樹立《じゅりつ》。卒業後《そつぎょうご》は新聞記者《しんぶんきしゃ》をしながら競技《きょうぎ》に参加《さんか》し、ついにオリンピック出場《しゅつじょう》。１００メートルは残念《ざんねん》ながら4位《い》でしたが、８００メートルで見事《みごと》メダルを獲得《かくとく》したのです。講演《こうえん》や指導《しどう》などで全国《ぜんこく》を駆《か》けまわり、スポーツをするすばらしさを伝《つた》えている最中《さいちゅう》に、肺炎《はいえん》のため24歳《さい》で夭逝《ようせい》。「あとに続《つづ》く選手《せんしゅ》を育《そだ》てなければ！」といつも口《くち》にしていたそうです。

社会《しゃかい》が「あるべき人間《にんげん》の形《かたち》」を提示《ていじ》してくるなかで、そうでない道《みち》を選《えら》ぶことは、とても立派《りっぱ》なことです。

● ラルフ・エマーソン、思想家《しそうか》、米《アメリカ》（１８０３-１８８２）

この世《よ》で、情熱《じょうねつ》なしに達成《たっせい》された偉大《いだい》なことなどないと確信《かくしん》する。

● ヘーゲル、哲学者《てつがくしゃ》、独《ドイツ》（１７７０-１８３１）

人生《じんせい》の意義《いぎ》は何《なに》をなすかではなく、何《なに》をなそうと胸《むね》を焦《こ》がすかである。

● ハリール・ジブラン、詩人《しじん》、レバノン（１８８３-１９３１）

続《つづ》けることが力《ちから》になる

第五中学 マラソン大会
二十回

杉田玄白《すぎたげんぱく》
医学者《いがくしゃ》
一《ひと》つひとつをつなげる。積《つ》み上《あ》げること！そうすれば、やがて大《おお》きなものになる。
日々《ひび》の成果《せいか》じゃ。

この　ひと

小《ちい》さいことを大事《だいじ》に 一歩《いっぽ》ずつ、それが やがて花開《はなひら》く

杉田玄白《すぎたげんぱく》

医学者《いがくしゃ》・蘭学者《らんがくしゃ》、小浜藩出身《おばまはんしゅっしん》、

1733-1817、医家《いか》として3代目《だいめ》

杉《すぎ》田玄白《たげんばく》は、江戸時代《えどじだい》、オランダ語《ご》で書《か》かれた人体《じんたい》の解剖書《かいぼうしょ》をほかの人《ひと》と一緒《いっしょ》に翻訳《ほんやく》し、『解体新書《かいたいしんしょ》』を完成《かんせい》させた人物《じんぶつ》です。医師《いし》の家《いえ》に生《う》まれた玄白《げんぱく》は、7歳《さい》のときに江戸《えど》から小浜藩《おばまはん》（福井県《ふくいけん》）に移《うつ》り、

そこで、彼《かれ》の人生《じんせい》に大《おお》きな影響《えいきょう》を与《あた》えた「名人《めいじん》」たちと出会《であ》います。たとえば、馬使《うまづか》いの半助《はんすけ》じいさん。立《た》つことも歩《ある》くこともできないのに、馬《うま》に乗《の》せられると、あっという間《ま》に暴《あば》れ馬《うま》を乗《の》りこなしてしまいます。ほかにも、物《もの》差《さ》しを使《つか》わずに寸法《すんぽう》ぴったりに布《ぬの》を裁《た》つ仕立屋《したてや》さん、目《め》が見《み》えないのに鍼《はり》をさす鍼師《はりし》など……。「長年《ながねん》、ひとつのことをコツコツときわめてきた人《ひと》はすごいなあ」と、玄白《げんぱく》は尊敬《そんけい》の念《ねん》で胸《むね》がいっぱいになるのでした。その後《ご》、医《い》学《がく》の道《みち》に進《すす》んだ彼《かれ》は、オランダに詳細《しょうさい》な〝体《からだ》の解剖図《かいぼうず》〟が存在《そんざい》するのを知《し》ります。その解剖図《かいぼうず》の正確《せいかく》さに感嘆《かんたん》。「これは、日本《にほん》の医学《いがく》にとって絶対《ぜったい》に必《ひつ》要《よう》なものだ」と確信《かくしん》し、翻訳《ほんやく》することに。ほかの人《ひと》と協力《きょうりょく》しあって、4年《ねん》の歳月《さいげつ》をかけて完成《かんせい》させ、将軍家《しょうぐんけ》に献上《けんじょう》しました。その過程《かてい》では、何度《なんど》も挫折《ざせつ》しそうになったのですが、「医学《いがく》のため」の一心《いっしん》でやり遂《と》げたのです。

一日《いちにち》を生《い》きることは、
一歩進《いっぽすす》むことでありたい。

湯川秀樹《ゆかわひでき》、
理論物理学者《りろんぶつりがくしゃ》
（1907-1981）

わずかな一歩《いっぽ》の
積《つ》み重《かさ》ねが大切《たいせつ》だと思《おも》う。
「一歩《いっぽ》ずつ、一歩《いっぽ》ずつ……」。
それを心《こころ》に言《い》い聞《き》かせて、
歩《ある》いて行《い》こう。

永瀬忠志《ながせただし》、
冒険家《ぼうけんか》
（1956-）

どんなささやかな成功《せいこう》も、
他人《たにん》の目《め》にはふれない
挫折《ざせつ》や苦難《くなん》の道《みち》を
経《へ》ているもの。

アン・サリバン、
教育者《きょういくしゃ》、米《アメリカ》
（1866-1936）

愛《あい》をもって、とりくむ

このひと

**たぐいまれな才能《さいのう》と
ただただ練習《れんしゅう》、
それが後世《こうせい》に残《のこ》る音楽《おんがく》を
生《う》み出《だ》した**

ヴォルフガング・モーツァルト

音楽家《おんがくか》、オーストリア出身《しゅっしん》、1756-1791、
ウィーン古典派《こてんは》3大巨匠《だいきょしょう》のひとり

ヴォルフガング・モーツァルトは、宮廷音楽家《きゅうていおんがくか》の父《ちち》を持《も》ち、音楽《おんがく》があふれる家庭《かてい》で生《う》まれ育《そだ》ちました。3歳《さい》でピアノを弾《ひ》き始《はじ》め、4歳《さい》で複雑《ふくざつ》な曲《きょく》を短時間《たんじかん》で覚《おぼ》えて演奏《えんそう》することができ、5歳《さい》で作曲《さっきょく》し、7歳《さい》で演奏旅行《えんそうりょこう》、12歳《さい》でオペラ作曲《さっきょく》と天才《てんさい》の名《な》をほしいままにします。では、生《う》まれつきの才能《さいのう》だけで、そこまでできたのでしょうか。音楽《おんがく》で大切《たいせつ》なのは、暗記力《あんきりょく》とまねをする能力《のうりょく》といわれています。彼《かれ》は、言葉《ことば》を覚《おぼ》えるように音楽《おんがく》を記憶《きおく》し、完璧《かんぺき》になるまで、まねをしたのです。ヨーロッパ演奏旅行中《えんそうりょこうちゅう》に、「なんとすばらしい曲《きょく》と演奏《えんそう》！　何《なに》かお守《まも》りでも持《も》っているの？」と問《と》われて「はい、わたしの才能《さいのう》は、勉強《べんきょう》のおかげです」と答《こた》えた彼《かれ》。新《あたら》しい音楽《おんがく》にふれるためにイタリア、パリ、ロンドンに出《で》かけて吸収《きゅうしゅう》し、まねして弾《ひ》いてみる。毎日《まいにち》、長時間《ちょうじかん》、練習《れんしゅう》する。そうするうちに、自分《じぶん》のなかから、また新《あたら》しい曲《きょく》が生《う》まれてくる。「高尚《こうしょう》な知性《ちせい》や想像力《そうぞうりょく》、あるいはその両方《りょうほう》があっても、天才《てんさい》は形成《けいせい》されない。愛《あい》、愛《あい》、愛《あい》、それこそが天才《てんさい》の神髄《しんずい》」と語《かた》ったように、音楽《おんがく》への深《ふか》い愛《あい》こそが、彼《かれ》の才能《さいのう》を花開《はなひら》かせたのです。

直観《ちょっかん》は待《ま》っていても来《こ》ない。私《わたし》は、毎朝作曲《まいあささっきょく》をする。そうすると神様《かみさま》が直観《ちょっかん》を送《おく》りこんでくれる。

● ピョートル・チャイコフスキー、作曲家《さっきょくか》、露《ロシア》
（1840-1893）

歌《うた》に関《かん》していえば、私《わたし》たちはみんな死《し》ぬまで学生《がくせい》なのよ。

● マリア・カラス
オペラ歌手《かしゅ》、ギリシャ
（1923-1977）

才能《さいのう》だけで成功《せいこう》することはできない。神《かみ》が才能《さいのう》を与《あた》え、努力《どりょく》がそれを天才《てんさい》に変《か》える。

● アンナ・パブロワ、バレリーナ、露《ロシア》
（1881-1931）

「どうせできない」を捨《す》てよう！

円谷英二《つぶらやえいじ》
特撮監督《とくさつかんとく》

この  ひと

ひとりで黙々《もくもく》と研究《けんきゅう》し、技《わざ》を磨《みが》き、世界《せかい》が驚嘆《きょうたん》する特撮《とくさつ》に

円谷英二《つぶらやえいじ》

特撮監督《とくさつかんとく》・発明家《はつめいか》、福島県出身《ふくしまけんしゅっしん》、1901-1970、商家《しょうか》に生《う》まれ、3歳《さい》で母《はは》が死去《しきょ》。祖母《そぼ》に育《そだ》てられる

「ゴジラ」や「ウルトラマン」シリーズを世《よ》に送《おく》り出《だ》したのが円谷英二《つぶらやえいじ》です。幼《おさな》いころから模《も》型《けい》作《づく》りが好《す》きで、とくに飛行機《ひこうき》に興《きょう》味《み》があり、15歳《さい》のときに、東京《とうきょう》のパイロット養成学校《ようせいがっこう》に入学《にゅうがく》。その後《ご》、大学《だいがく》の学費《がくひ》を稼《かせ》ぐために玩具《がんぐ》メーカーで働《はたら》いているときに、映画会社《えいがかいしゃ》の人《ひと》に誘《さそ》われその世界《せかい》へ。ある日《ひ》、アメリカの「キング・コング」を観《み》て衝撃《しょうげき》を受《う》けます。それは、特別《とくべつ》なしかけを使《つか》った撮影方法《さつえいほうほう》でした。レベルの違《ちが》いに圧《あっ》倒《とう》され、「こんな映画《えいが》をつくりたい」と会社《かいしゃ》に訴《うった》えると、「やりたければ自分《じぶん》でやりなさい」と冷《つめ》たい反応《はんのう》。それでも、彼《かれ》はひとりで研究《けんきゅう》に打《う》ちこみました。やがて戦争《せんそう》が始《はじ》まり、国《くに》から頼《たの》まれて作《つく》った「ハワイ・マレー沖海戦《おきかいせん》」の特撮《とくさつ》の技術《ぎじゅつ》が、まわりから認《みと》められることに。戦後《せんご》は特撮《とくさつ》の楽《たの》しさ、すばらしさを観《み》てもらうために映画作《えいがづく》りに専念《せんねん》。１９５４年《ねん》の「ゴジラ」は、当《とう》時《じ》1千万人《せんまんにん》が観《み》たそうです。やがてテレビの時代《じだい》が到来《とうらい》し、子《こ》どもたちに夢《ゆめ》のある番組《ばんぐみ》を、と考《かんが》えたのがウルトラマン。怪獣《かいじゅう》がやられても、血《ち》を流《なが》すシーンや、残酷《ざんこく》なシーンはぜったいに許《ゆる》さなかったそうです。

人《ひと》まねはしない。新《あたら》しいことを手《て》がけよう。

● 井深大《いぶかまさる》、ソニー創業者《そうぎょうしゃ》（1908-1997）

成功《せいこう》するために欠《か》かせないのは、自信《じしん》。そして自信《じしん》をつけるために欠《か》かせないのは、十分《じゅうぶん》な下積《したづ》み。

● アーサー・アッシュ、元《もと》テニス選手《せんしゅ》、米《アメリカ》（1943-1993）

夢《ゆめ》みる力《ちから》のない者《もの》は、生《い》きる力《ちから》もない。

● エルンスト・トラー、劇作家《げきさっか》・詩人《しじん》、独《ドイツ》（1893-1939）

第《だい》3章《しょう》

「自分《じぶん》」を見《み》つける方法《ほうほう》

自分《じぶん》の場所《ばしょ》を探《さが》す方法《ほうほう》

わたしにとって最高《さいこう》の勝利《しょうり》は、ありのままで生《い》きられるようになったこと。自分《じぶん》と他人《たにん》の欠点《けってん》を受《う》け入《い》れられるようになったことです。

オードリー・ヘップバーン
映画女優《えいがじょゆう》

この ひと

華《はな》やかな世界《せかい》に
未練《みれん》なし、
悲惨《ひさん》な子《こ》どもたちに
寄《よ》りそった映画女優《えいがじょゆう》

オードリー・ヘップバーン

女優《じょゆう》、英国出身《えいこくしゅっしん》、1929-1993、
母《はは》はオランダ貴族《きぞく》

その気品《きひん》とエレガンスで、世界《せかい》の映画《えいが》ファンを魅了《みりょう》した女優《じょゆう》オードリー・ヘップバーン。ほぼ引退《いんたい》し、スイスで平穏《へいおん》に暮《く》らしていた1989年《ねん》、ユニセフから国際親善《こくさいしんぜん》大使《たいし》に任命《にんめい》されます。オランダで終《しゅう》戦《せん》を迎《むか》えた16歳《さい》の彼女《かのじょ》は、食料不足《しょくりょうぶそく》でやせ細《ほそ》り、さまざまな病気《びょうき》を抱《かか》えていました。そんなとき、ユニセフから支給《しきゅう》された食料《しょくりょう》、毛布《もうふ》、医薬品《いやくひん》、衣類《いるい》などに救《すく》われたのです。その感謝《かんしゃ》の気持《きも》ちを忘《わす》れたことがない彼女《かのじょ》は「私《わたし》にできることなら」と快《こころよ》く引《ひ》き受《う》け、エチオピアをはじめ、スーダンなどの内戦《ないせん》、飢《う》え、干《かん》ばつなどで人《ひと》びとが苦《くる》しんでいる国《くに》を歴訪《れきほう》しました。赤《あか》ん坊《ぼう》や子《こ》どもに笑顔《えがお》を向《む》け、抱《だ》きしめる彼女《かのじょ》。自分《じぶん》の経験《けいけん》をスピーチし、世界《せかい》に窮状《きゅうじょう》を訴《うった》え支援《しえん》を求《もと》めると、多《おお》くの物資《ぶっし》がすぐに訪問国《ほうもんこく》に送《おく》られました。「私《わたし》が有《ゆう》名《めい》でよかったわ。このために女優《じょゆう》をやってきたのかもしれないわ」。人生《じんせい》を振《ふ》り返《かえ》ったとき、映画《えいが》しかないという事態《じたい》は絶対《ぜったい》に避《さ》けたいと思《おも》っていた彼《かの》女《じょ》は、ユニセフの活動《かつどう》にたましいを捧《ささ》げていきました。「子《こ》どもより大切《たいせつ》な存《そん》在《ざい》なんて、あるのかしら？」と晩年《ばんねん》、家族《かぞく》に語《かた》ったそうです。

世界全体《せかいぜんたい》が
幸福《こうふく》にならないうちは、
個人《こじん》の幸福《こうふく》はありえない。

● 宮沢賢治《みやざわけんじ》、詩人《しじん》
（1896-1933）

自分《じぶん》の目《め》で見《み》、
自分《じぶん》で体験《たいけん》しないと、
世《よ》の中《なか》のことは
わからない。
「社会貢献《しゃかいこうけん》」の大切《たいせつ》さも、
自《みずか》らが体験《たいけん》して初《はじ》めて
実感《じっかん》するのだ。

● 福原義春《ふくはらよしはる》、経営者《けいえいしゃ》
（1931-）

人《ひと》は人《ひと》を幸《しあわ》せに
するために
生《う》まれてくるのですよ。

● アルバート・アインシュタイン、
物理学者《ぶつりがくしゃ》、独《ドイツ》
（1879-1955）

「思《おも》い」を文字《もじ》にしてみる

きみが困難《こんなん》にあい、どうしてよいかまったくわからないときは、いつでも机《つくえ》に向《む》かって何《なに》かを書《か》きつけるのがよい。

小泉八雲《こいずみやくも》
作家《さっか》

この ひと

ひたすら書《か》くことで苦難《くなん》を乗《の》り越《こ》えた人《ひと》

小泉八雲《こいずみやくも》

作家《さっか》、ギリシャ出身《しゅっしん》、1850-1904、父《ちち》は軍医《ぐんい》、3人兄弟次男《にんきょうだいじなん》

『怪《かい》談《だん》』で知《し》られる作家《さっか》、小泉《こいずみ》八雲《やくも》。本名《ほんみょう》は、ラフカディオ・ハーンといい、幼《おさな》いころ両親《りょうしん》が離婚《りこん》し、大叔母《おおおば》のもとで育《そだ》ちました。その後《ご》、イギリスの神学校《しんがっこう》で文学《ぶんがく》に没頭《ぼっとう》。16歳《さい》で、左目《ひだりめ》を失明《しつめい》。さらに、大叔母《おおおば》が破産《はさん》し、神学校《しんがっこう》を中退《ちゅうたい》せざるをえず、昼間《ひるま》は街《まち》をうろつき、夜《よる》は貧《ひん》民宿《みんやど》に泊《と》まるなど悲惨《ひさん》な生活《せいかつ》に転落《てんらく》します。やがてアメリカへ渡《わた》り、小《ちい》さい印刷所《いんさつじょ》を手伝《てつだ》うようになり、文章《ぶんしょう》を書《か》いて身《み》を立《た》てたいと切望《せつぼう》するようになりました。ある日《ひ》、思《おも》い切《き》って新聞社《しんぶんしゃ》に原稿《げんこう》を持《も》ちこむと、その才能《さいのう》を認《みと》められ記者《きしゃ》として採用《さいよう》されます。殺人事件《さつじんじけん》や墓地《ぼち》、処刑場《しょけいじょう》など風変《ふうが》わりなテーマを好《この》んで記事《きじ》にし、大《おお》きな話題《わだい》を呼《よ》びます。あるとき、万国博覧会《ばんこくはくらんかい》を取材《しゅざい》した彼《かれ》は、日本《にほん》の伝統文化《でんとうぶんか》に魅《み》せられ、興味《きょうみ》を持《も》ちます。日本《にほん》への取材旅行《しゅざいりょこう》の申《もう》し出《で》を受《う》け、来日《らいにち》。その後《ご》は、英語教師《えいごきょうし》をしながら著作《ちょさく》に専念《せんねん》。武士《ぶし》の娘《むすめ》セツと結婚《けっこん》し、国籍《こくせき》も日本《にほん》に移《うつ》して小泉八雲《こいずみやくも》となりました。怪談《かいだん》を書《か》きながら、一方《いっぽう》で日本《にほん》についての本《ほん》なども出版《しゅっぱん》し、当時《とうじ》まだベールに包《つつ》まれていた「日本《にほん》の姿《すがた》」を世界《せかい》に発信《はっしん》したのです。

起《お》こってほしい奇跡《きせき》を毎日《まいにち》書《か》き出《だ》してみなさい。それは本当《ほんとう》にやってくることになります。

●ガートルード・スタイン、詩人《しじん》・著作家《ちょさくか》、米《アメリカ》（1874-1946）

書《か》くことは夜中《よなか》に運転《うんてん》するようなものだ。ヘッドライトの届《とど》くところしか見《み》えないが、それでも目的地《もくてきち》にたどり着《つ》くことができる。

●エドガー・ドクトロウ、作家《さっか》、米《アメリカ》（1931-2015）

書《か》くことで私《わたし》は教《おし》えられた。人生《じんせい》の喜《よろこ》びと浮《う》き沈《しず》みを受《う》けとめ、再《ふたた》び知《ち》と美《び》、恐怖《きょうふ》に恋《こい》することを。

●アラン・ペイトン、政治家《せいじか》、南《みなみ》ア（1903-1988）

チャンスがきたら、とびこむ準備《じゅんび》を

大事《だいじ》なのは、自分《じぶん》のことをよく見《み》るようになることだ。

ハリソン・フォード
映画俳優《えいがはいゆう》

このひと

地味《じみ》な幼年期《ようねんき》、長《なが》い下積《したづ》み生活《せいかつ》のすえ、ハリウッドの大《だい》スターへ

ハリソン・フォード

映画俳優《えいがはいゆう》、米《アメリカ》イリノイ州出身《しゅうしゅっしん》、1942-、サラリーマンの父《ちち》

ハリウッドの大《だい》スター、ハリソン・フォードは、地味《じみ》でまったく目立《めだ》たない子《こ》どもでした。夢《ゆめ》や目的《もくてき》もなく、高校卒業後《こうこうそつぎょうご》、地方《ちほう》のマイナーな大学《だいがく》に進学《しんがく》。簡単《かんたん》に単位《たんい》がとれるからと演劇《えんげき》コースを選択《せんたく》。初《はじ》めて学生演劇《がくせいえんげき》の舞台《ぶたい》に立《た》ったとき、ゾクゾクする体験《たいけん》をし、俳優《はいゆう》になる決心《けっしん》をします。大学《だいがく》を中退《ちゅうたい》し、地元《じもと》の劇団《げきだん》で活動《かつどう》したあと、ロサンゼルスへ。映《えい》画《が》で小《ち》さい役《やく》を演《えん》じますが、鳴《な》かず飛《と》ばずで、大工《だいく》に転職《てんしょく》。当時《とうじ》、映画会社《えいががいしゃ》の幹部《かんぶ》が、絶対成功《ぜったいせいこう》しない俳優《はいゆう》のひとりに名前《なまえ》をあげていたとか。けれども、大工《だいく》としての腕《うで》は超一流《ちょういちりゅう》で、家具作《かぐづく》りや家《いえ》の改築《かいちく》などを請《う》け負《お》い、多《おお》くの顧《こ》客《きゃく》を抱《かか》えていました。もちろん、俳優《はいゆう》としてのチャンスも虎視眈々《こしたんたん》と狙《ねら》いながら……。ある日《ひ》、大工《だいく》の仕事《しごと》で知《し》り合《あ》った映画《えいが》プロデューサーの紹介《しょうかい》で、『アメリカン・グラフィティ』に出演《しゅつえん》。自分《じぶん》のアイディアを積極的《せっきょくてき》に出《だ》して、監督《かんとく》のジョージ・ルーカスに気《き》に入《い》られます。それがきっかけとなり、ヒット作《さく》の常連《じょうれん》へ。現在《げんざい》も、プライベートでは、大工仕事《だいくしごと》にいそしみ、飛行機《ひこうき》とヘリコプターのライセンスを持《も》ち、人命救助《じんめいきゅうじょ》にも積極的《せっきょくてき》にかかわっています。

信《しん》じなさい。あなたの人生《じんせい》は、あなたの思《おも》い描《えが》いたとおりになると。

● ルネ・デカルト、哲学者《てつがくしゃ》、仏《フランス》（1596-1650）

才能《さいのう》とは、自分自身《じぶんじしん》を、自分《じぶん》の力《ちから》を信《しん》じること。

● マクシム・ゴーリキー、作家《さっか》、露《ロシア》（1868-1936）

100の欠点《けってん》をなくしている暇《ひま》があるなら、ひとつの長所《ちょうしょ》を伸《の》ばしたほうがいい。

● ピエール・ルノワール、画家《がか》、仏《フランス》（1841-1919）

「迷《まよ》い」は悪《わる》いことじゃない

なあ、母《かあ》ちゃん
ん?
……
いや……
何《なに》よ
おれ……
石田《いしだ》さーん
はーい
おれ、芸人《げいにん》になりたいんです。

心《こころ》の満足《まんぞく》だけが唯一《ゆいいつ》の富《とみ》である。

アルフレッド・ノーベル
化学者《かがくしゃ》

この  ひと

巨万《きょまん》の富《とみ》を築《きず》いたが、生涯独身《しょうがいどくしん》。生《い》きた証《あかし》に遺産《いさん》で財団設立《ざいだんせつりつ》へ

アルフレッド・ノーベル

化学者《かがくしゃ》・発明家《はつめいか》、スウェーデン、1833-1896、8人兄弟《にんきょうだい》の4男《なん》

ノーベル賞《しょう》の基金《ききん》のために、膨《ぼう》大《だい》な遺産《いさん》を寄付《きふ》したアルフレッド・ノーベル。彼《かれ》は、化学工場《かがくこうじょう》を経営《けいえい》する父親《ちちおや》のもとで生《う》まれ育《そだ》ち、貧《まず》しかったために、兄弟《きょうだい》の半分《はんぶん》が亡《な》くなってしまったほどでした。その後《ご》、父親《ちちおや》はロシアに渡《わた》り、事業《じぎょう》を成功《せいこう》させ、一家《いっか》を呼《よ》び寄《よ》せます。早々《そうそう》に化《か》学《がく》の才能《さいのう》を見《み》せた彼《かれ》は、学校《がっこう》には行《い》かず優秀《ゆうしゅう》な家庭教師《かていきょうし》によって教育《きょういく》され、父親《ちちおや》の会社《かいしゃ》を手伝《てつだ》うことに。そこでいかに安全《あんぜん》に爆発《ばくはつ》させるかを研究《けんきゅう》し、実《じっ》験《けん》を繰《く》り返《かえ》します。弟《おとうと》の死《し》などの犠牲《ぎせい》のうえに、ダイナマイトを発明《はつめい》。トンネルを掘《ほ》ったり、ダムを建設《けんせつ》したり、人々《ひとびと》の生活《せいかつ》に貢献《こうけん》すると同時《どうじ》に、それは兵器《へいき》にも利用《りよう》され、人《ひと》を殺《ころ》す手段《しゅだん》ともなります。化学者《かがくしゃ》として、彼《かれ》は発明《はつめい》と事業創立《じぎょうそうりつ》を成《な》し遂《と》げながら、心《こころ》にはいつもこの矛盾《むじゅん》を抱《かか》えていました。あるとき、兄《あに》が亡《な》くなった際《さい》、彼《かれ》が亡《な》くなったと勘違《かんちが》いしたマスコミは「死《し》の商人《しょうにん》がついに逝《い》く」と報道《ほうどう》。ショックを受《う》けたのち、人類《じんるい》のために尽《つ》くした人《ひと》に、自分《じぶん》の多大《ただい》な遺産《いさん》を贈《おく》ろうと決心《けっしん》したとか。最期《さいご》まで独身《どくしん》をつらぬき、化学《かがく》の発展《はってん》とその弊害《へいがい》に苦悩《くのう》した人生《じんせい》でした。

人《ひと》が豊《ゆた》かであるか貧《まず》しいかを決《き》めるのは、その人《ひと》の持《も》ち物《もの》ではなく、その人《ひと》の人柄《ひとがら》である。

ヘンリー・ウォード・ビーチャー、宗教家《しゅうきょうか》、米《アメリカ》（1813-1887）

幸《しあわ》せは、ないものを手《て》に入《い》れた結果《けっか》なるものではなく、いま持《も》っているものに気《き》づき、感謝《かんしゃ》することで得《え》られる。

フレデリック・ケーニッヒ、発明家《はつめいか》、独《ドイツ》（1774-1833）

幸《しあわ》せは、境遇《きょうぐう》ではなく心《こころ》の持《も》ち方《かた》よ。

マーサ・ワシントン、元大統領夫人《もとだいとうりょうふじん》、米《アメリカ》（1731-1802）

人《ひと》と違《ちが》うことが「個性《こせい》」

美《うつく》しさは、
あなたが
あなた
らしくいる
と決《き》めたときに
始《はじ》まる。

ココ・シャネル

ファッション・デザイナー

悪目立《わるめだ》ちするだけだし…
背高《せたか》いの、うらやましいけどなあ

この  ひと

人《ひと》がなんと言《い》うか、どう思《おも》うか、まったく気《き》にせず自分《じぶん》の道《みち》を行《い》く

ココ・シャネル

ファッションデザイナー、
仏《フランス》ソミュール出身《しゅっしん》、1883-1971

人《ひと》がなんと言《い》おうと、どう思《おも》おうと、我《わ》が道《みち》を歩《あゆ》んだ偉人《いじん》たち。ファッション界《かい》の伝説《でんせつ》、ココ・シャネルもそのひとりです。11歳《さい》で母《はは》に死《し》なれ、行商人《ぎょうしょうにん》の父親《ちちおや》に捨《す》てられた彼女《かのじょ》は、孤児院《こじいん》で育《そだ》ちます。18歳《さい》で独立《どくりつ》し、縫《ぬ》い子《こ》さんのかたわら、歌手《かしゅ》を夢《ゆめ》みてキャバレーで歌《うた》う日々《ひび》。うまくいかずに、退屈《たいくつ》しのぎでつくっていた帽子《ぼうし》のデザインで認《みと》められファッション界《かい》に飛《と》びこみます。窮屈《きゅうくつ》で動作《どうさ》を制限《せいげん》する女性《じょせい》のドレスを否《ひ》定《てい》し、ジャージー素材《そざい》を取《と》り入《い》れた服《ふく》で大成功《だいせいこう》。一大《いちだい》ブランド帝国《ていこく》を築《きず》きました。一方《いっぽう》で、自由奔放《じゆうほんぽう》、常識破《じょうしきやぶ》りの生《い》き方《かた》は、ときに人《ひと》びとの反発《はんぱつ》にあい、バッシングを受《う》けることも。それでも、もともと天涯孤独《てんがいこどく》な彼女《かのじょ》は、ひるまず、人《ひと》に媚《こ》びることもしませんでした。気《き》むずかしい性格《せいかく》だった彼女《かのじょ》は、友《とも》だちも少《すく》なく、自《みずか》ら「傲慢《ごうまん》な性格《せいかく》」と認《みと》め、それが成功《せいこう》した鍵《かぎ》と考《かんが》えていたようです。一度《いちど》引退《いんたい》したあと71歳《さい》で、仕事《しごと》に復帰《ふっき》し、87歳《さい》で亡《な》くなるまで仕《し》事《ごと》に打《う》ちこんだシャネル。「人生《じんせい》は、一度《いちど》きり。だから思《おも》い切《き》り楽《たの》しむべき」の言葉《ことば》どおり、見事《みごと》に自分《じぶん》をつらぬいた一生《いっしょう》でした。

ほかの誰《だれ》かではなく、自分自身《じぶんじしん》の最高《さいこう》を目指《めざ》すべきよ。

ジュディ・ガーランド、女優《じょゆう》、米《アメリカ》
（1922-1969）

充実《じゅうじつ》した人生《じんせい》を送《おく》るためには、あなたがあなた自身《じしん》でありさえすればいいのです。

ヴァージニア・サター、
セラピスト

つねに自分自身《じぶんじしん》であれ、自分《じぶん》を表現《ひょうげん》し、自分《じぶん》を信《しん》じろ。

ブルース・リー、
格闘家《かくとうか》・映画俳優《えいがはいゆう》
（1940-1973）

「くやしい」はエネルギー

やったー!
人《ひと》に勝《か》つより、
自分《じぶん》に勝《か》ちなさい。
ありがとうございました!

嘉納治五郎《かのうじごろう》
柔道家《じゅうどうか》

この　ひと

修行《しゅぎょう》を通《とお》して
体《からだ》も精神《せいしん》も
きたえられることを
世界《せかい》にしめした柔道家《じゅうどうか》

嘉納治五郎《かのうじごろう》

柔道家《じゅうどうか》・教育者《きょういくしゃ》、兵庫県神戸市出身《ひょうごけんこうべししゅっしん》
1860-1938、酒造《しゅぞう》・廻船《かいせん》の名家出身《めいかしゅっしん》

柔《じゅう》道《どう》の創設者《そうせつしゃ》、嘉納治五郎《かのうじごろう》は、幼《おさな》いころより、学業《がくぎょう》が優秀《ゆうしゅう》。そんな彼《かれ》の悩《なや》みは、体《からだ》が小《ちい》さく力《ちから》が弱《よわ》いので「けんかで負《ま》けてしまうこと」。よく上級生《じょうきゅうせい》にいじめられ、「勉《べん》強《きょう》では誰《だれ》にも負《ま》けないのに」と負《ま》けず嫌《ぎら》いの彼《かれ》はくやしい経験《けいけん》を重《かさ》ねます。あるとき、相手《あいて》の力《ちから》を利用《りよう》して勝《か》つ武術《ぶじゅつ》のひとつ、柔術《じゅうじゅつ》があると聞《き》き、先生《せんせい》を探《さが》して修行《しゅぎょう》をすることに。流派《りゅうは》を変《か》えながら柔術《じゅうじゅつ》をきわめていきます。そのうち、彼《かれ》は体《からだ》だけでなく精神《せいしん》もきたえられていることに気《き》づきます。短気《たんき》だった性格《せいかく》が我慢強《がまんづよ》く、穏《おだ》やかになりました。のちに講道館《こうどうかん》という道場《どうじょう》を開《ひら》き、柔術《じゅうじゅつ》の集大成《しゅうたいせい》として柔道《じゅうどう》を創始《そうし》。同時《どうじ》に、教育者《きょういくしゃ》としても灘校《なだこう》、筑波大学《つくばだいがく》などさまざまな学校《がっこう》で教鞭《きょうべん》をとりました。講道館《こうどうかん》の弟子《でし》たちはとても礼儀正《れいぎただ》しく、そして強《つよ》い。感銘《かんめい》をうけた人《ひと》たちが、柔道《じゅうどう》を習《なら》い始《はじ》め、国内《こくない》だけでなく世界《せかい》にも広《ひろ》がっていきます。「柔《じゅう》道《どう》の目的《もくてき》は、身体《しんたい》を鍛錬《たんれん》して強健《きょうけん》にし、精神《せいしん》の修養《しゅうよう》につとめて人格《じんかく》の完成《かんせい》をはかり、社会《しゃかい》に貢献《こうけん》すること」と柔道《じゅうどう》だけでなくスポーツ全般《ぜんぱん》の隆盛《りゅうせい》に努《つと》め、日本《にほん》のオリンピック初参加《はつさんか》に貢献《こうけん》しました。

自分《じぶん》に打《う》ち勝《か》つことが、もっとも偉大《いだい》な勝利《しょうり》である。
● プラトン、哲学者《てつがくしゃ》、古代《こだい》ギリシャ（BC427-347）

私《わたし》を倒《たお》すことができるのは、私《わたし》だけだ。
● ラファエル・ナダル、プロテニス選手《せんしゅ》、スペイン（1986-）

結局《けっきょく》、勝利者《しょうりしゃ》とは、自分《じぶん》にはできるんだと考《かんが》えている人《ひと》たちのことである。
● リチャード・バック、作家《さっか》・飛行家《ひこうか》、米《アメリカ》（1936-）

まわりの目《め》が気《き》になるきみへ

川《かわ》キレー
ねー、癒《いや》される。
あ！
他人《たにん》との
比較《ひかく》ではない、
あくまで
自分《じぶん》の楽《たの》しさを
追求《ついきゅう》すべし。
イヤー!!
カエル
いたよ！
かわいい！

水木《みずき》しげる
漫画家《まんがか》

この ひと

壮絶《そうぜつ》な経験《けいけん》を、明《あか》るく笑《わら》って過《す》ごした偉大《いだい》な漫画家《まんがか》

水木《みずき》しげる

漫画家《まんがか》、大阪生《おおさかう》まれ、鳥取県境港市育《とっとりけんさかいみなとしそだ》ち
1922-2015、3人兄弟《きょうだい》、次男《じなん》

「ゲゲゲの鬼太郎《きたろう》」「悪魔《あくま》くん」などでなじみ深《ぶか》い漫画家《まんがか》、水木《みずき》しげる。幼《おさな》いころから、マイペースでおっとりした性格《せいかく》でした。小学校時代《しょうがっこうじだい》、勉強《べんきょう》はからきしできず、興味《きょうみ》のあることには熱中《ねっちゅう》する。一方《いっぽう》で、「おなら」を自在《じざい》に出《だ》して、まわりを笑《わら》わせ、腕《うで》っ節《ぶし》も強《つよ》かったため、ガキ大将《だいしょう》として君臨《くんりん》していたとか。その後《ご》、進学《しんがく》するも挫折《ざせつ》。仕事《しごと》を転々《てんてん》として、結局《けっきょく》、絵《え》の学校《がっこう》に通《かよ》います。画家《がか》を目指《めざ》して悪戦苦闘《あくせんくとう》するなか、太平洋戦争《たいへいようせんそう》が勃発《ぼっぱつ》し入隊《にゅうたい》。そのマイペースぶりで、大胆《だいたん》な態度《たいど》から幹部《かんぶ》と間違《まちが》われることもあったそうです。まもなく激戦地《げきせんち》のラバウル島《とう》へ。そこで、文字《もじ》どおり地獄《じごく》のような経験《けいけん》をし、さらには爆撃《ばくげき》により左手《ひだりて》を失《うしな》います。楽天家《らくてんか》の彼《かれ》でも、戦闘《せんとう》の激《はげ》しさ、薄情《はくじょう》な上官《じょうかん》の仕打《しう》ちにふさぎこむように。一方《いっぽう》で、戦地《せんち》では地元《じもと》の部族《ぶぞく》と仲良《なかよ》くなり、終戦《しゅうせん》を迎《むか》えてそのまま永住《えいじゅう》するか悩《なや》んだといいます。帰国《きこく》し、さまざまな仕事《しごと》をこなしながら漫画家《まんがか》としての基礎《きそ》をかためます。昔《むかし》、家政婦《かせいふ》さんがきかせてくれた妖怪話《ようかいばなし》、自分《じぶん》が体験《たいけん》した戦争《せんそう》の話《はなし》などを物語《ものがたり》にして、だんだん人気者《にんきもの》になっていきました。

陽気《ようき》でいることが、
肉体《にくたい》と精神《せいしん》の
最上《さいじょう》の健康法《けんこうほう》である。

● ジョルジュ・サンド、
作家《さっか》、仏《フランス》
（1804-1876）

陽気《ようき》になる秘訣《ひけつ》は、
あすはきっとよくなる、
と思《おも》いこんで
暮《く》らすことです。

● 司馬遼太郎《しばりょうたろう》、
作家《さっか》
（1923-1996）

人生《じんせい》は短《みじか》いですよ。
好《す》きなこと、
やりたいことがあるなら、
やってみるべきです。

● 安西水丸《あんざいみずまる》、イラストレーター
（1942-2014）

学校《がっこう》がいやになったら

いい大学《だいがく》に行《い》って、いい会社《かいしゃ》に！
成績《せいせき》落《お》ちてきてるぞ、このままじゃ希望《きぼう》の学校《がっこう》は……
勉強《べんきょう》ができないと、何《なに》もできないんだぞ。

型《かた》にはまるな。人《ひと》と違《ちが》った種《たね》をひとつでも探《さが》し出《だ》して、全力《ぜんりょく》で育《そだ》てることだ。社会《しゃかい》と学校《がっこう》はその種《たね》をうばい同《おな》じ型《かた》にはめようとするだろうが。
ヘンリー・フォード
実業家《じつぎょうか》

この　ひと

学歴《がくれき》だけで判断《はんだん》するな、自分《じぶん》だけの種《たね》を探《さが》せ

ヘンリー・フォード

フォードモーター創設者《そうせつしゃ》、米《アメリカ》出身《しゅっしん》、1863-1947、農場主《のうじょうぬし》の息子《むすこ》

自《じ》動車会社《どうしゃがいしゃ》フォード社《しゃ》の創業者《そうぎょうしゃ》、ヘンリー・フォードは、小《ちい》さいころから機械《きかい》好《ず》きで、時計《とけい》を分解《ぶんかい》して組《く》み立《た》てたりすることに夢中《むちゅう》でした。学校《がっこう》の勉強《べんきょう》には身《み》が入《はい》らず、16歳《さい》で中退《ちゅうたい》し、働《はたら》きながら、自動車《じどうしゃ》をつくるためにエンジンの試作《しさく》を重《かさ》ねる日々《ひび》を送《おく》ります。転職《てんしょく》を繰《く》り返《かえ》し、40歳《さい》にしてフォードモーターを設立《せつりつ》。安価《あんか》な「T型《ティーがた》フォード」車《しゃ》を開発《かいはつ》し、それまで金持《かねも》ちの乗《の》り物《もの》だった自動車《じどうしゃ》を、全世界《ぜんせかい》の大衆《たいしゅう》に向《む》けて売《う》り出《だ》したのです。あるとき、ある新聞社《しんぶんしゃ》が教育《きょういく》を受《う》けていない彼《かれ》を「無知《むち》な平和主義《へいわしゅぎ》者《しゃ》」と論評《ろんぴょう》。名誉毀損《めいよきそん》で訴《うった》えた彼《かれ》は、法廷《ほうてい》で弁護士《べんごし》から国際金融《こくさいきんゆう》や芸術《げいじゅつ》、生《せい》物学《ぶつがく》などの質問《しつもん》攻《ぜ》めにあいます。新聞社側《しんぶんしゃがわ》は、彼《かれ》がいかに無知《むち》な人間《にんげん》かを証《しょう》明《めい》したかったのです。ところが彼《かれ》は、「答《こた》えはわからないが、かわりに、その専門知識《せんもんちしき》をもった人間《にんげん》をすぐに呼《よ》ぶことができる。どうして、そんな質問《しつもん》に答《こた》えるために、一般知識《いっぱんちしき》を詰《つ》めこんでおく必要《ひつよう》がありますか？」と返《かえ》します。弁護士《べんごし》は反論《はんろん》できず、その場《ば》にいた人《ひと》びとは、彼《かれ》を無知《むち》で無学《むがく》な人間《にんげん》だとは思《おも》いませんでした。

人間《にんげん》にとって大事《だいじ》なことは、学歴《がくれき》とかそんなものではない。他人《たにん》から愛《あい》され、協力《きょうりょく》してもらえるような徳《とく》を積《つ》むことではないだろうか。

● 本田宗一郎《ほんだそういちろう》、本田技研工業創業者《ほんだぎけんこうぎょうそうぎょうしゃ》（1906-1991）

学歴《がくれき》と成功《せいこう》はけっして比例《ひれい》しません。でも、成功《せいこう》と専門知識《せんもんちしき》は確実《かくじつ》に比例《ひれい》します。あなたが成功《せいこう》を望《のぞ》むなら、これだけは絶対《ぜったい》に、誰《だれ》にも負《ま》けないという専門知識《せんもんちしき》を吸収《きゅうしゅう》するように努《つと》めなさい。

● ジョセフ・マーフィー、米《アメリカ》、宗教家《しゅうきょうか》・著述家《ちょじゅつか》（1898-1981）

小《ちい》さな話《はなし》2

不《ふ》登《とう》校《こう》のきみへ

いまや、不登校《ふとうこう》の子《こ》どもは、約《やく》14万《まん》5千人《せんにん》と言《い》われています。理由《りゆう》は、いじめや病《びょう》気《き》、勉強《べんきょう》についていけない、先生《せんせい》がきらいなど、さまざまです。

実業家《じつぎょうか》、小幡和輝《おばたかずき》もそのひとり。彼《かれ》はいま、地方創生会議《ちほうそうせいかいぎ》の創設者《そうせつしゃ》として、いろいろなビジネスや社会活動《しゃかいかつどう》をしています。

小学《しょうがく》2年生《ねんせい》のときから中学《ちゅうがく》3年生《ねんせい》まで、およそ10年間《ねんかん》の不登校《ふとうこう》。きっかけは、クラスで雑談《ざつだん》をしているときに、「3ひく5は？」と誰《だれ》かが言《い》ったのに対《たい》して「マイナス2」と答《こた》えたこと。本人《ほんにん》は、「むずかしいこと知《し》っていてすごいな〜」とほめられるのかと思《おも》いきや、まわりはマイナスの意味《いみ》がわからず、キョトンとしてシーンとしてしまいました。

彼《かれ》はもともと好奇心《こうきしん》が強《つよ》く、物知《ものし》りだったのですが、その件《けん》があっていらい、クラスメイトと話《はな》すときに自分《じぶん》の知識《ちしき》をおさえて話《はな》す習慣《しゅうかん》がつき、だんだん居心地《いごこち》が悪《わる》くなります。学校《がっこう》に行《い》かない日《ひ》が増《ふ》えていたある日《ひ》、クラスの子《こ》からなぐられ、完全《かんぜん》に行《い》かなくなりました。当然《とうぜん》、両親《りょうしん》はあの手《て》この手《て》で行《い》かせようとするのですが、ついにギブアップ。ラッキーだったのは近《ちか》くに住《す》むいとこが同《おな》じく不登校《ふとうこう》で、いっしょに時間《じかん》を過《す》ごせたことでした。

その後《ご》、自治体《じちたい》が運営《うんえい》する適応指導教室《てきおうしどうきょうしつ》に通《かよ》い、定時制高校《ていじせいこうこう》に進学《しんがく》。ゲームが大好《だいす》きだった彼《かれ》は、ゲーム専門店《せんもんてん》の大会《たいかい》で友《とも》だちと知《し》り合《あ》い、その彼《かれ》から音楽活動《おんがくかつどう》のライブの手伝《てつだ》いを頼《たの》まれイベントの世界《せかい》へ。そのとき、「誰《だれ》かのためにがんばることが、なんて気持《きも》ちいいのだろう！」と思《おも》ったことが、いまの仕事《しごと》につながっているそうです。

学校《がっこう》に行《い》かなくても、大丈夫《だいじょうぶ》。いろいろな選択肢《せんたくし》があります。高校《こうこう》にも大学《だいがく》にも行《い》けるし、自分《じぶん》が好《す》きなことを学《まな》ぶところもたくさんあります。不登校《ふとうこう》を経験《けいけん》して、彼《かれ》のように起業《きぎょう》している人《ひと》も数多《かずおお》くいます。ロボット開発者《かいはつしゃ》、IT《アイティー》関係《かんけい》、実業家《じつぎょうか》、ミュージシャンなど……。

不登校《ふとうこう》を、負《お》い目《め》に感《かん》じることはありません。「自分《じぶん》の世界《せかい》を見《み》つける期間《きかん》」ととらえて、人《ひと》の目《め》を気《き》にせず、マイペースでいけばいい。たった一度《いちど》の人生《じんせい》。きみも、堂々《どうどう》と自分《じぶん》の好《す》きなことを実現《じつげん》して、人生《じんせい》を楽《たの》しんでください。

特《とく》別《べつ》章《しょう》

偉人《いじん》を支《ささ》えた言葉《ことば》たち

BOYS BE AMBITIOS

先生《せんせい》の一言《ひとこと》があったから

黒柳徹子《くろやなぎてつこ》

女優《じょゆう》・タレント

恩師《おんし》の言葉《ことば》

ひと　こと

まわりを気《き》にしない 多動《たどう》な問題児《もんだいじ》を認《みと》め、 とことん励《はげ》ました

黒柳徹子《くろやなぎてつこ》

女優《じょゆう》・タレント、東京出身《とうきょうしゅっしん》、1933-、
音楽家《おんがくか》の家《いえ》に生《う》まれ、3弟妹《きょうだい》の長女《ちょうじょ》

黒《くろ》柳《やなぎ》徹《てつ》子《こ》は、変《か》わった子《こ》どもでした。指揮者《しきしゃ》と声楽家《せいがくか》の両親《りょうしん》のもとのびのびと育《そだ》った彼女《かのじょ》は、教室《きょうしつ》で机《つくえ》の板《いた》の部分《ぶぶん》を何度《なんど》も開《あ》け閉《し》めしたり、窓《まど》からチンドン屋《や》さんを呼《よ》び寄《よ》せたり。授業妨害《じゅぎょうぼうがい》するからと小学《しょうがく》1年《ねん》で退学《たいがく》させられてしまいます。母親《ははおや》はそんな彼女《かのじょ》を、自由《じゆう》に教育《きょういく》してくれるトモエ学園《がくえん》に連《つ》れていきます。電車《でんしゃ》でできた教室《きょうしつ》、自分《じぶん》の好《す》きな教科《きょうか》から自主的《じしゅてき》に勉強《べんきょう》、多彩《たさい》な課外活動《かがいかつどう》……。先生《せんせい》は、ただ手助《てだす》けをしてくれるだけ。彼女《かのじょ》がトイレに大事《だいじ》なお財布《さいふ》を落《お》としたときのこと。当時《とうじ》くみとり式《しき》だったため、糞尿《ふんにょう》をくみ出《だ》して探《さが》していても、校長《こうちょう》の小林先生《こばやしせんせい》は「あとで戻《もど》しておいてね」の一言《ひとこと》だけ。破天荒《はてんこう》だった彼女《かのじょ》を押《お》さえつけることなく、尊重《そんちょう》し、温《あたた》かく見守《みまも》ってくれました。「いい子《こ》じゃないときみは思《おも》われている。でもね、きみは、本当《ほんとう》はいい子《こ》なんだよ」まわりの大人《おとな》の批判《ひはん》や否定《ひてい》を気《き》にすることなく、「自分《じぶん》でいられた」のは先生《せんせい》の**この一言《ひとこと》**があったから。人《ひと》の目《め》を気《き》にせず、自信《じしん》を与《あた》えてくれた言葉《ことば》。成長《せいちょう》してからも、その個性《こせい》を存分《ぞんぶん》に発揮《はっき》できたのは「園長先生《えんちょうせんせい》の言葉《ことば》が支《ささ》えになったから」と感謝《かんしゃ》しています。

黒柳徹子《くろやなぎてつこ》の言葉《ことば》

夢《ゆめ》は一人《ひとり》ひとり違《ちが》うもの。
興味《きょうみ》や才能《さいのう》も
みんな違《ちが》うのです。
それが個性《こせい》というもの。
どうして「こうで
なくてはいけない」と
決《き》めつけるのでしょうか。

家族《かぞく》が一緒《いっしょ》にいること。
みんなが健康《けんこう》で、そこに
温《あたた》かい笑顔《えがお》があること。
それこそが人間《にんげん》の
本当《ほんとう》の幸福《こうふく》ではないか。

つらいときやさしく
してもらったら、
それは忘《わす》れない。人《ひと》の
つらさがわかることも
やさしさだと思《おも》う。

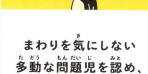

カッとなる自分《じぶん》をやめたい

村田諒太《むらたりょうた》

プロボクサー

恩師《おんし》の言葉《ことば》

ひと  こと

すぐに暴力《ぼうりょく》をふるう彼《かれ》を世界《せかい》チャンピオンに変《か》えた言葉《ことば》

村田諒太《むらたりょうた》

プロボクサー、奈良県出身《ならけんしゅっしん》、1986-、両親《りょうしん》が公務員《こうむいん》、3人兄弟《にんきょうだい》の末《すえ》っ子《こ》

ミドル級《きゅう》で日本人《にほんじん》として初《はじ》めて金《きん》メダルを獲得《かくとく》したボクサー、村田諒太《むらたりょうた》。両親《りょうしん》が離婚《りこん》し、不幸《ふこう》な家庭《かてい》だった彼《かれ》は、悪《わる》さばかり。中学《ちゅうがく》1年《ねん》のとき、金髪《きんぱつ》で登校《とうこう》すると、「おまえは何《なに》がしたいの？」と担任《たんにん》に問《と》われ、「ボクシング」と返《かえ》すと、その週末《しゅうまつ》、先生《せんせい》は彼《かれ》をボクシング教室《きょうしつ》に連《つ》れていってくれました。高校《こうこう》に進学《しんがく》し、恩師《おんし》、武元先生《たけもとせんせい》に出会《であ》います。カッとなって暴力《ぼうりょく》をふるう彼《かれ》に、先生《せんせい》が言《い》ったのが**その言葉《ことば》**です。それから、練《れん》習《しゅう》に真剣《しんけん》にとりくみ、また「自分《じぶん》は頭《あたま》が弱《よわ》いから本《ほん》を読《よ》む」と読書家《どくしょか》に。その後《ご》、挫折《ざせつ》を繰《く》り返《かえ》し、やっと念願《ねんがん》のオリンピック金《きん》メダルを手《て》にしました。別名《べつめい》〝戦《たたか》う哲学者《てつがくしゃ》〟の彼《かれ》は、勝《か》ってもガッツポーズをしません。それは「負《ま》けた相手《あいて》を思《おも》いやれ」という武元先生《たけもとせんせい》の教《おし》え。プロに転向《てんこう》して、初《はつ》の王座決《おうざけっ》定戦《ていせん》で疑惑《ぎわく》の判定負《はんていま》けを喫《きっ》したときも、公《おおやけ》に不満《ふまん》を表明《ひょうめい》せず、自《みずか》ら相手《あいて》の部屋《へや》を訪《たず》ね、勝利《しょうり》を祝福《しゅくふく》しています。「金《きん》メダルに恥《は》じないように生《い》きていく」と誓《ちか》った彼《かれ》は、出会《であ》った先生《せんせい》や支《ささ》えてくれた人《ひと》たちにいつも感謝《かんしゃ》しています。

村田諒太《むらたりょうた》の言葉《ことば》

自分《じぶん》でコントロールできないことは、考《かんが》えても何《なに》も変《か》わらない。

成長《せいちょう》しつづけるために必要《ひつよう》なのは、自信《じしん》。自信《じしん》を持《も》つためには、ある程度《ていど》の結果《けっか》が必要《ひつよう》。そのためには、日々《ひび》の地道《じみち》な練習《れんしゅう》にどう向《む》き合《あ》うかが大事《だいじ》。

先入観《せんにゅうかん》や固定観念《こていかんねん》、否定《ひてい》から入《はい》ると、限界値《げんかいち》を自分《じぶん》で決《き》めてしまい、本当《ほんとう》の実力以上《じつりょくいじょう》の結果《けっか》が出《だ》せなくなるかもしれない。

自分《じぶん》で考《かんが》えてやるっていうことは、全部《ぜんぶ》が身《み》になるんですよね。

イライラに
ふりまわされているなら

イライラして
ネガティブになる
必要《ひつよう》なんて
どこにもない！
人生《じんせい》はすばらしい、
天気《てんき》もすばらしい、
楽《たの》しくやろうよ。

大坂《おおさか》なおみ
プロテニス選手《せんしゅ》

コーチの言葉《ことば》

ひと  こと

メンタルが弱《よわ》く、うまくいかないと負《ま》けてしまうクセを変《か》えた言葉《ことば》

大坂《おおさか》なおみ

プロテニス選手《せんしゅ》、大阪府出身《おおさかふしゅっしん》、1997-、父《ちち》はハイチ人《じん》、母《はは》は日本人《にほんじん》のハーフ

グランドスラム大会《たいかい》のひとつ全《ぜん》米《べい》テニスオープンで、日本人《にほんじん》として初《はじ》めて優勝《ゆうしょう》した大坂《おおさか》なおみ。母《はは》は元《もと》スケート選手《せんしゅ》で、幼《おさな》いころより運動能力《うんどうのうりょく》に優《すぐ》れ、3歳《さい》から姉《あね》と一《いっ》緒《しょ》に父親《ちちおや》からテニスの手《て》ほどきを受《う》けました。ウィリアムズ姉妹《しまい》を目標《もくひょう》に、三人四脚《さんにんよんきゃく》で特訓《とっくん》する毎日《まいにち》。やがてパワープレーで頭角《とうかく》を現《あらわ》した彼女《かのじょ》は、10代後半《だいこうはん》で、セリーナ・ウィリアムズに次《つ》ぐ逸材《いつざい》と注目《ちゅうもく》されます。けれども、評判《ひょうばん》とは裏腹《うらはら》に、ツアーに参加《さんか》してもなかなか上位《じょうい》まで進《すす》むことができない時期《じき》が続《つづ》きます。試合《しあい》でミスすると、ついイライラしたり、冷静《れいせい》さを欠《か》いたりして、ゲームを落《お》としてしまうのです。もともと完璧主義《かんぺきしゅぎ》で、ネガティブな性格《せいかく》。そんな彼女《かのじょ》を劇的《げきてき》に変《か》えたのが、当時《とうじ》のコーチ、サーシャ・バジンの**その言葉《ことば》**。明《あか》るくてポジティブな性《せい》格《かく》の彼《かれ》は、すぐ落《お》ちこむ彼女《かのじょ》に、「きみは、できるよ！」と言《い》い続《つづ》けます。楽《たの》しい罰《ばつ》ゲームを取《と》り入《い》れるなど、厳《きび》しい練習《れんしゅう》も〝楽《たの》しく〟がモットー。メンタルで成長《せいちょう》し、感情《かんじょう》をコントロールすることを身《み》につけた彼女《かのじょ》は、快進撃《かいしんげき》をスタート。あこがれのセリーナ選手《せんしゅ》と決勝《けっしょう》で対戦《たいせん》、見事《みごと》に優勝《ゆうしょう》しました。

大坂《おおさか》なおみの言葉《ことば》

ポジティブであればあるほど、いいプレーができる。

調子《ちょうし》がいい日《ひ》もあればボロボロな日《ひ》もあるけど、だからこそ続《つづ》けるしかない。

何事《なにごと》も口《くち》に出《だ》したほうが、達成《たっせい》するのは簡単《かんたん》。

同《おな》じままでいるよりも、人生《じんせい》は変化《へんか》があったほうがおもしろい。

人《ひと》それぞれに道《みち》があり、その道《みち》を突《つ》き進《すす》むだけ。あきらめずに。そして、自分《じぶん》とほかの人《ひと》とくらべないことです。

どうしても勝《か》ちたいとき

勝《か》ちたいなら、
顔《かお》つきを
変《か》えろ。

ラファエル・ナダル

プロテニス選手《せんしゅ》

ひと  こと

ケガとスランプから抜《ぬ》け出《だ》し世界《せかい》1位《い》を奪還《だっかん》させた言葉《ことば》

ラファエル・ナダル

プロテニス選手《せんしゅ》、スペイン出身《しゅっしん》、1986-、叔父《おじ》がコーチ、フェデラーと2強時代《きょうじだい》を築《きず》く

ロジャー・フェデラーと一時代《いちじだい》を築《きず》き、男子《だんし》プロテニス界《かい》でトップの座《ざ》に君臨《くんりん》したラファエル・ナダル。そんな彼《かれ》も、２０１４年《ねん》の全仏優勝《ぜんふつゆうしょう》を最後《さいご》に長《なが》いスランプに陥《おちい》ります。きっかけは、けがと手術《しゅじゅつ》でしたが、翌年復帰《よくねんふっき》してからは、途中敗退《とちゅうはいたい》ばかり。彼《かれ》の得意《とくい》なプレースタイルは、トップスピンをかけてのラリー戦《せん》。ところが、テニスもラリーより攻撃《こうげき》でスピーディに得点《とくてん》する時代《じだい》に入《はい》り、うまく対応《たいおう》できません。若《わか》い有力選手《ゆうりょくせんしゅ》も次々《つぎつぎ》と登場《とうじょう》し、コートをガックリとうなだれて去《さ》る姿《すがた》に、「ナダルの時代《じだい》は終《お》わった」と囁《ささや》かれ始《はじ》めました。なかなか浮上《ふじょう》できないある日《ひ》、当時《とうじ》コーチであった叔父《おじ》のトニーに言《い》われたのが、**その言葉《ことば》**です。「もっと闘争心《とうそうしん》を燃《も》やさないと。それができないなら、また同《おな》じ結果《けっか》になるだけだぞ」。勝利《しょうり》への〝本気度《ほんきど》〟を問《と》われ、彼《かれ》は変化《へんか》することを決断《けつだん》します。プレースタイルを変《か》え、けがをしない体《からだ》づくりに邁進《まいしん》。生《う》まれ変《か》わったナダルは、２０１７年《ねん》の序盤《じょばん》からめざましい復活《ふっかつ》をとげます。そして、得意《とくい》の全仏《ぜんふつ》で３年《ねん》ぶりの優勝《ゆうしょう》。その年《とし》は、全米《ぜんべい》も優勝《ゆうしょう》し、世界《せかい》ランク１位《い》に返《かえ》り咲《ざ》いたのでした。

ラファエル・ナダルの言葉《ことば》

失《うしな》うことは敵《てき》ではない。
失《うしな》うことを
恐《おそ》れることこそが敵《てき》だ。

いいわけを探《さが》している
時間《じかん》なんてない。

私《わたし》はつねに目標《もくひょう》を持《も》って
仕事《しごと》をしている。
そして目標《もくひょう》とは選手《せんしゅ》として
人《ひと》として向上《こうじょう》することだ。

負《ま》けた経験《けいけん》がなければ、
勝《か》ったときの喜《よろこ》びは
味《あじ》わえない。
だから、両方受《りょうほうう》け入《い》れ
なければいけないんだ。

何《なに》があっても、あきらめない気《き》持《も》ち

思《おも》うは招《まね》く

植松《うえまつ》 努《つとむ》
技術者《ぎじゅつしゃ》・実業家《じつぎょうか》

母《はは》の言葉《ことば》

ひと  こと

夢《ゆめ》を否定《ひてい》され、けなされ続《つづ》けた少年《しょうねん》を支《ささ》えた言葉《ことば》

植松《うえまつ》 努《つとむ》

技術者《ぎじゅつしゃ》・実業家《じつぎょうか》、北海道出身《ほっかいどうしゅっしん》、1966-、父《ちち》が経営《けいえい》していた植松電機《うえまつでんき》を引《ひ》き継《つ》ぐ

北《ほっ》海道赤平市《かいどうあかびらし》に、ロケットや人《じん》工衛星《こうえいせい》をつくっている社員《しゃいん》20人《にん》の小《ちい》さな工場《こうじょう》があります。この会《かい》社《しゃ》の社長《しゃちょう》、植松努《うえまつつとむ》は、小《ちい》さいころから、ものづくりが大好《だいす》きでした。小学生《しょうがくせい》のとき「潜水艦《せんすいかん》をつくりたい！」と言《い》うと、「東大《とうだい》に入《はい》らないと無理《むり》！　お金《かね》がかかるし、できっこない」と先生《せんせい》に頭《あたま》ごなしに否定《ひてい》されます。一方《いっぽう》、祖父母《そふぼ》は「知識《ちしき》は誰《だれ》にも奪《うば》われない。大切《たいせつ》な財産《ざいさん》になるよ。本《ほん》をたくさん読《よ》みなさい」「お前《まえ》は賢《かしこ》いな～」と彼《かれ》を励《はげ》ましてくれました。ある日《ひ》、テレビでアポロ11号《ごう》の月面着陸成功《げつめんちゃくりくせいこう》を見《み》て、感動《かんどう》。宇宙《うちゅう》を夢《ゆめ》みながら、紙飛行機《かみひこうき》づくりに熱中《ねっちゅう》します。中学生《ちゅうがくせい》になり、進路相談《しんろそうだん》で「ロケットを開発《かいはつ》したい」と希望《きぼう》を伝《つた》えると、先生《せんせい》からは「おまえの成績《せいせき》じゃ、大学《だいがく》どころか高校《こうこう》だってむずかしい。無理《むり》」の一言《ひとこと》。ひどく落《お》ちこんだ彼《かれ》に、母《はは》が**その言葉《ことば》**で背中《せなか》を押《お》してくれました。「ずっと思《おも》いつづけていたら、夢《ゆめ》は叶《かな》うよ」との意味《いみ》です。あきらめず、自分《じぶん》の「思《おも》い」と励《はげ》ましの「言葉《ことば》」を原動力《げんどうりょく》に、長年《ながねん》の夢《ゆめ》を実現《じつげん》。彼《かれ》の会社《かいしゃ》には、いまや、日本中《にほんじゅう》、世界中《せかいじゅう》から見学《けんがく》や実験《じっけん》のため大勢《おおぜい》の人《ひと》が訪《おとず》れています。

植松努《うえまつつとむ》の言葉《ことば》

時間《じかん》さえあれば、何《なに》かできます。その時間《じかん》を、他《ほか》の人《ひと》がしない経験《けいけん》に費《つい》してください。

大事《だいじ》なことは、試行錯誤《しこうさくご》をしている人《ひと》の話《はなし》を聞《き》くことです。社会《しゃかい》で働《はたら》く人《ひと》の現場《げんば》の話《はなし》を聞《き》くことです。

個性《こせい》は、自分自身《じぶんじしん》の経験《けいけん》です。いい経験《けいけん》もつらい経験《けいけん》も、それは他者《たしゃ》が知《し》らない自分《じぶん》だけの情報《じょうほう》です。

人《ひと》を助《たす》けたら、
人生《じんせい》はもっと輝《かがや》く

捨《す》てられた子《こ》を
引《ひ》っ張《ぱ》りだこに
なるような
人間《にんげん》に変《か》えるのは、
すばらしい魔法《まほう》だ。

澤田美喜《さわだみき》
社会事業者《しゃかいじぎょうしゃ》

孤児院院長《こじいんいんちょう》の言葉《ことば》

ひとこと 

親《おや》から見《み》捨《す》てられた戦《せん》争《そう》孤《こ》児《じ》を育《そだ》て上《あ》げるきっかけをくれた言《こと》葉《ば》

澤《さわ》田《だ》美《み》喜《き》

社会事業者《しゃかいじぎょうしゃ》、東京都出身《とうきょうとしゅっしん》、1901-1980、三菱財閥創設者《みつびしざいばつそうせつしゃ》、岩崎弥太郎《いわさきやたろう》の孫《まご》

第《だい》二《に》次《じ》世《せ》界《かい》大《たい》戦《せん》後《ご》の日《に》本《ほん》では、アメリカ軍《ぐん》人《じん》と日《に》本《ほん》女《じょ》性《せい》の間《あいだ》に生《う》まれた子《こ》どもが数《かず》多《おお》く存《そん》在《ざい》しました。そのなかで、両《りょう》親《しん》から見《み》捨《す》てられた孤《こ》児《じ》を引《ひ》き取《と》り、育《そだ》てた女《じょ》性《せい》が澤《さわ》田《だ》美《み》喜《き》です。父《ちち》は三《みつ》菱《びし》財《ざい》閥《ばつ》の当《とう》主《しゅ》、岩《いわ》崎《さき》久《ひさ》弥《や》。お嬢《じょう》様《さま》として何《なに》不《ふ》自《じ》由《ゆう》なく育《そだ》てられた彼《かの》女《じょ》は、10代《だい》のころ、付《つ》きそいの看《かん》護《ご》婦《ふ》が聖《せい》書《しょ》を読《よ》んでいたときに聞《き》いた「汝《なんじ》の敵《てき》を愛《あい》せよ」に衝《しょう》撃《げき》を受《う》けます。その後《ご》、外《がい》交《こう》官《かん》と結《けっ》婚《こん》した彼《かの》女《じょ》は、夫《おっと》とともにロンドンへ。

そこで孤《こ》児《じ》院《いん》を訪《ほう》問《もん》する機《き》会《かい》があり、院《いん》長《ちょう》の**その言《こと》葉《ば》**が彼《かの》女《じょ》の心《こころ》を揺《ゆ》さぶります。帰《き》国《こく》したある日《ひ》、汽《き》車《しゃ》に乗《の》っていると頭《ず》上《じょう》の荷《に》物《もつ》台《だい》の上《うえ》に黒《こく》人《じん》と日《に》本《ほん》人《じん》との赤《あか》ちゃんが捨《す》てられていました。犯《はん》人《にん》にされた彼《かの》女《じょ》は、そうした子《こ》どもの孤《こ》児《じ》院《いん》をつくる決《けっ》心《しん》をします。戦《せん》後《ご》、自《じ》分《ぶん》の財《ざい》産《さん》をすべてお金《かね》に換《か》え、物《ぶっ》資《し》を求《もと》めて駆《か》けまわります。政《せい》府《ふ》や占《せん》領《りょう》軍《ぐん》は協《きょう》力《りょく》してくれず、まわりからも冷《つめ》たい視《し》線《せん》を受《う》けながら……。それでも心《こころ》折《お》れることなく、2千《せん》人《にん》以《い》上《じょう》の子《こ》の母《はは》親《おや》として、自《じ》立《りつ》するまで育《そだ》てあげました。大人《おとな》になってからも相《そう》談《だん》にのったり、実《じつ》の親《おや》との面《めん》会《かい》をお膳《ぜん》立《だ》てしたり、世《せ》界《かい》を東《とう》奔《ほん》西《せい》走《そう》したそうです。

澤《さわ》田《だ》美《み》喜《き》の言《こと》葉《ば》

人《じん》生《せい》は
自《じ》分《ぶん》の手《て》で、
どんな色《いろ》にも
塗《ぬ》り替《か》えられる。

泣《な》いてはいけない。
人《じん》生《せい》は
美《うつく》しいことだけ
覚《おぼ》えていればいい。

いつも上《うえ》を
向《む》いて歩《ある》け。
顔《かお》を上《うえ》に
向《む》けて歩《ある》け。

障害《しょうがい》を「私《わたし》らしさ」に変《か》える

神様《かみさま》は、その人《ひと》に乗《の》り越《こ》えられない試練《しれん》は与《あた》えないんだよ。

谷《たに》 真《ま》海《み》
パラリンピック選手《せんしゅ》

母《はは》の言《こと》葉《ば》

ひとこと  ひとこと

スポーツ大好《だいす》き少女《しょうじょ》から片足《かたあし》を奪《うば》った病魔《びょうま》から立《た》ち直《なお》ったときの言葉《ことば》

谷《たに》 真《ま》海《み》

パラリンピック選手《せんしゅ》、走《はし》り幅跳《はばと》び、
1982-、宮城県出身《みやぎけんしゅっしん》

アテネから3回《かい》パラリンピックに出場《しゅつじょう》し、走《はし》り幅跳《はばと》びで活躍《かつやく》した谷真海《たにまみ》。彼女《かのじょ》は、右足《みぎあし》のひざから下《した》がありません。大学《だいがく》2年《ねん》の夏《なつ》、骨肉腫《こつにくしゅ》にかかり、切断《せつだん》せざるをえなくなったのです。小《ちい》さいころからスポーツが大好《だいす》き。水泳《すいえい》や陸上《りくじょう》で活躍《かつやく》し、大学《だいがく》ではチアリーディング部員《ぶいん》として練習《れんしゅう》に熱中《ねっちゅう》していたときのことでした。「悔《くや》しくて悲《かな》しくてどうしていいかわからなかった」ときに、母《はは》がかけてくれたのが**その言葉《ことば》**。死《し》ぬのはいや。ならば、病気《びょうき》とたたかおうと決心《けっしん》しました。大学《だいがく》に戻《もど》っても、取《と》り残《のこ》されているように感《かん》じ、部屋《へや》にこもるように。涙《なみだ》で頬《ほほ》をぬらしながら、子《こ》どものころを思《おも》い出《だ》し、はっとします。「私《わたし》は私《わたし》らしくスポーツしよう！」と。そして、義足《ぎそく》をつけて走《はし》り幅跳《はばと》びに挑戦《ちょうせん》します。会社員《かいしゃいん》として働《はたら》きながら、大会《たいかい》をめざして、ひとり黙々《もくもく》と練習《れんしゅう》に没頭《ぼっとう》。アテネのパラリンピックの出場権《しゅつじょうけん》を獲得《かくとく》します。ひたむきな彼女《かのじょ》は、2013年《ねん》のIOC《アイオーシー》総会《そうかい》で、「スポーツの力《ちから》」をスピーチし、東京《とうきょう》のオリンピック招致《しょうち》へ貢献《こうけん》しました。

谷《たに》真《ま》海《み》の言葉《ことば》

限界《げんかい》の
ふたを
はずそう。

大切《たいせつ》なのは、
私《わたし》が持《も》っている
ものであって、
私《わたし》が失《うしな》ったもの
ではない！

つらいときこそ、
希望《きぼう》をもつことが
大事《だいじ》だよ。

学校《がっこう》じゃないところで「好《す》き」を見《み》つけよう

学校《がっこう》の成績《せいせき》や
世間《せけん》の肩書《かたが》きが、
人生《じんせい》のすべてじゃない。
自分《じぶん》がやりたいことを
思《おも》いきりやれることも、
重要《じゅうよう》なんだ。

野口《のぐち》 健《けん》
登山家《とざんか》

父《ちち》の言葉《ことば》

ひと  こと

勉強《べんきょう》ぎらいの落第生《らくだいせい》、生《い》きる道《みち》を見《み》つけるきっかけをくれた言葉《ことば》

野口《のぐち》 健《けん》

登山家《とざんか》、米《アメリカ》ボストン出身《しゅっしん》、1973-、
父《ちち》は外交官《がいこうかん》、母《はは》はエジプト人《じん》、小《しょう》6で離婚《りこん》

世《せ》界的《かいてき》な登山家《とざんか》、野口健《のぐちけん》。やんちゃな子《こ》どもで、勉強《べんきょう》は苦手《にがて》。イギリスの全寮制《ぜんりょうせい》の中高一貫校《ちゅうこういっかんこう》に入《はい》ると、授業《じゅぎょう》も規則《きそく》も厳《きび》しく、成績《せいせき》が悪《わる》い彼《かれ》は、だんだん元気《げんき》がなくなっていきました。高校生《こうこうせい》のある日《ひ》、上《じょう》級生《きゅうせい》とけんかをして停学《ていがく》になり、日本《にほん》の父親《ちちおや》のもとに帰宅《きたく》。さすがに叱《しか》られるだろうと覚悟《かくご》していた彼《かれ》に、父《ちち》からかけられたのが**その言葉《ことば》**です。萎《な》えた心《こころ》が勇気《ゆうき》づけられ、関西地方《かんさいちほう》を旅《たび》することに。立《た》ち寄《よ》った本屋《ほんや》さんで手《て》にした本《ほん》が、冒険家《ぼうけんか》・植村直己《うえむらなおみ》の『青春《せいしゅん》を山《やま》に賭《か》けて』でした。「山《やま》に登《のぼ》ってみたい」と、登山《とざん》の本《ほん》を読《よ》んで研究《けんきゅう》し、富士山《ふじさん》や北《きた》アルプスに登頂《とうちょう》。「これが自分《じぶん》の世界《せかい》だ！」と確信《かくしん》したのです。その後《ご》、大学《だいがく》に進《すす》みアルバイトして資《し》金《きん》をかせぎ、世界《せかい》の最高峰《さいこうほう》を次々《つぎつぎ》と登頂《とうちょう》します。そして、七大陸最高峰制覇《ななたいりくさいこうほうせいは》の最年少記録《さいねんしょうきろく》を更新《こうしん》したのです。その間《あいだ》、日本《にほん》の登山隊《とざんたい》が残《のこ》していく大量《たいりょう》のゴミに心《こころ》を痛《いた》め、「エレベスト清掃登山《せいそうとざん》」の活動《かつどう》をスタート。同時《どうじ》に、富士《ふじ》山《さん》の清掃《せいそう》にも力《ちから》を入《い》れました。勉強《べんきょう》ぎらいだった彼《かれ》は、環境問題《かんきょうもんだい》の専門書《せんもんしょ》を読《よ》み、登山家《とざんか》と環境活動家《かんきょうかつどうか》として活躍《かつやく》しています。

野口健《のぐちけん》の言葉《ことば》

どんなことでも
「これはダメだ」と
あきらめるのではなく、
「ではどうするか」と
考《かんが》えることに
大《おお》きな意味《いみ》がある。

49%失敗《しっぱい》しても、
51%成功《せいこう》できれば
それでオーケー。

失敗《しっぱい》とか弱《よわ》さを
さらけ出《だ》すと、
助《たす》けてくれる人《ひと》が現《あらわ》れる。

成功《せいこう》にいたるには、
近道《ちかみち》どころか、
細《こま》かいコツコツした
努力《どりょく》の延長線上《えんちょうせんじょう》にしか
ないと思《おも》う。

笑顔《えがお》のエネルギー

チャンスの波《なみ》にのりなさい。

澤《さわ》 穂希《ほまれ》

元《もと》プロサッカー選手《せんしゅ》

母《はは》の言葉《ことば》

ひと  こと

バカにされながらも、努力《どりょく》を重《かさ》ねトップを目指《めざ》す自分《じぶん》を支《ささ》えた言葉《ことば》

澤《さわ》 穂《ほ》希《まれ》

元《もと》プロサッカー選手《せんしゅ》、東京都出身《とうきょうとしゅっしん》、1978-、兄妹《きょうだい》の妹《いもうと》

2011年《ねん》、女子《じょし》サッカーのワールドカップの決勝戦《けっしょうせん》。日《に》本中《ほんじゅう》が固唾《かたず》をのんで見守《みまも》るなか、1点《てん》を追《お》うなでしこジャパンは延長戦《えんちょうせん》、終了《しゅうりょう》3分前《ふんまえ》に、ゴールを決《き》め、PK《ピーケー》戦《せん》に突入《とつにゅう》。そのゴールを決《き》めたのが澤穂希選手《さわほまれせんしゅ》です。兄《あに》の影響《えいきょう》で、少年《しょうねん》サッカークラブに入《はい》り、ぐんぐん上達《じょうたつ》。彼女《かのじょ》の活躍《かつやく》で、6年生《ねんせい》のときにチームは全国大会《ぜんこくたいかい》に出場《しゅつじょう》することに。ところが、彼女《かのじょ》は参加不可《さんかふか》。対戦相手《たいせんあいて》の男子《だんし》から「女《おんな》のくせに」とスパイクを蹴《け》られたとき、母親《ははおや》は「将来《しょうらい》、サッカーでその子《こ》に胸《むね》を張《は》れるようにね」と励《はげ》まします。学校《がっこう》で男子《だんし》にまじって外《そと》で遊《あそ》ぶ彼女《かのじょ》に、いやがらせをする女子《じょし》がいても「あなたらしく、いまのままで。いつも笑顔《えがお》でいると、結果《けっか》がついてくるから」と。その後《ご》、技術《ぎじゅつ》を磨《みが》き、猛練習《もうれんしゅう》を重《かさ》ね活躍《かつやく》しますが、日本女子《にほんじょし》チームはなかなか勝《か》てません。アメリカで修行《しゅぎょう》することになり、体格《たいかく》とパワーの差《さ》を頭《あたま》で考《かんが》えてカバーし、「クイック・サワ」と呼《よ》ばれるまでに。母《はは》がいつも口《くち》にしていた**その言葉《ことば》**を支《ささ》えにして……。「女子《じょし》のくせに」「小《ちい》さい日本人《にほんじん》のくせに」を乗《の》り越《こ》え、とうとう世界一《せかいいち》を勝《か》ちとったのです。

澤穂希《さわほまれ》の言葉《ことば》

すべてをポジティブにとらえる必要《ひつよう》はありません。

落《お》ちこむときはとことん落《お》ちこめばいい。気持《きも》ちが下《さ》がるところまで下《さ》がったらあとは上《あ》がるだけ。

泣《な》いてもいい、だけど逃《に》げない。

「負《ま》け」は、「気《き》づく」チャンス。

行動《こうどう》すれば、やる気《き》がわいてくる。

努力《どりょく》は才能《さいのう》

努力《どりょく》できることが才能《さいのう》である。

松井秀喜《まついひでき》

元《もと》プロ野球選手《やきゅうせんしゅ》・大《だい》リーガー

父《ちち》の言葉《ことば》

ひと　こと

恵《めぐ》まれた体格《たいかく》、抜群《ばつぐん》の素質《そしつ》をさらに伸《の》ばすために与《あた》えられた言葉《ことば》

松井秀喜《まついひでき》

元《もと》プロ野球選手《やきゅうせんしゅ》・大《だい》リーガー、石川県出身《いしかわけんしゅっしん》、1974-、父《ちち》は宗教家《しゅうきょうか》、兄弟《きょうだい》の次男《じなん》

巨《きょ》人軍《じんぐん》の4番《ばん》バッターとして、またメジャーリーグでも大活躍《だいかつやく》した松井秀喜《まついひでき》。小《ちい》さいころから大《おお》きな体格《たいかく》で食欲旺盛《しょくよくおうせい》。父親《ちちおや》とお兄《にい》さんの影響《えいきょう》で、野球選手《やきゅうせんしゅ》にあこがれるように。小学《しょうがく》1年生《ねんせい》で、本来《ほんらい》は3年《ねん》生《せい》から入団可能《にゅうだんかのう》の少年野球《しょうねんやきゅう》チームに参加《さんか》します。しかし、ついていけずやめてしまい、4年生《ねんせい》で柔道《じゅうどう》を習《なら》い始《はじ》めました。せっせと練習《れんしゅう》に励《はげ》むうちに県内《けんない》でも上位入賞《じょういにゅうしょう》を果《は》たすほどになり、まわりからは柔道選手《じゅうどうせんしゅ》として期待《きたい》されていたのですが、練習《れんしゅう》の帰《かえ》り道《みち》、野球《やきゅう》クラブの練習《れんしゅう》をじっとながめている彼《かれ》の姿《すがた》がありました。「本当《ほんとう》にやりたいのは野球《やきゅう》だ」。5年生《ねんせい》で再《ふたた》び野球《やきゅう》クラブに入《はい》り、中学《ちゅうがく》になると柔道《じゅうどう》はやめて野球《やきゅう》に専念《せんねん》。部活動《ぶかつどう》だけでなく家《いえ》でもバットをふり続《つづ》け、評判《ひょうばん》のバッターとなります。星陵高校《せいりょうこうこう》に入学《にゅうがく》後《ご》は、すぐに4番《ばん》バッターとなり、甲子園出場《こうしえんしゅつじょう》。3年生《ねんせい》のときは、「5打席連続敬遠《だせきれんぞくけいえん》」をされ、2回戦敗退《かいせんはいたい》。その後《ご》、プロ入《い》りし、ホームランバッターとして大活躍《だいかつやく》。本人《ほんにん》は、「自分《じぶん》に才能《さいのう》があると思《おも》ったことは一度《いちど》もない」と口《くち》にし、毎日《まいにち》、猛練習《もうれんしゅう》。父親《ちちおや》の**その言葉《ことば》**をずっと大切《たいせつ》にして、地道《じみち》な努力《どりょく》を重《かさ》ねたのです。

松井秀喜《まついひでき》の言葉《ことば》

ズルはできない。
おれが見《み》ているから。

どんな道《みち》でも、
進《すす》んでいけば
いやなことは
いっぱいある。
それでも、
逃《に》げないことだ。

自分《じぶん》が
コントロールできない
ことは、
いっさい考《かんが》えない。
自分《じぶん》にできることに
集中《しゅうちゅう》するだけ。

緊張《きんちょう》して心《こころ》が落《お》ち着《つ》かないとき

浅田真央《あさだまお》

元《もと》フィギュアスケート選手《せんしゅ》

母《はは》の言葉《ことば》

ひと　こと

大事《だいじ》な試合《しあい》の前《まえ》に、心《こころ》を落《お》ち着《つ》かせるために念《ねん》じた言葉《ことば》

浅田真央《あさだまお》

元《もと》フィギュアスケート選手《せんしゅ》、愛知県出身《あいちけんしゅっしん》、1990-、姉妹《しまい》の妹《いもうと》

引《いん》退《たい》してなお、人気《にんき》が衰《おとろ》えることのない元《もと》フィギュアスケート選手《せんしゅ》浅田真央《あさだまお》。5歳《さい》で競技《きょうぎ》を始《はじ》め、早《はや》い時期《じき》から頭角《とうかく》を現《あらわ》し、天才少女《てんさいしょうじょ》と呼《よ》ばれ、フィギュア界《かい》を引《ひ》っ張《ぱ》ってきました。そんな彼女《かのじょ》のそばにいつも寄《よ》りそい、励《はげ》まし、見守《みまも》っていたのが母親《ははおや》、匡子《くにこ》さんです。コーチから「もう体《からだ》をやすめなさい」と言《い》われても、練習《れんしゅう》してしまう努力《どりょく》の天才《てんさい》。それでも、いざ試合《しあい》になると、誰《だれ》でも勝《か》ちたいと気負《きお》ったり、うまくいくのか不安《ふあん》におちいったりするもの。彼女《かのじょ》もそうでした。おまけに、多《おお》くの観客《かんきゃく》の目《め》が自分《じぶん》だけに注《そそ》がれるのです。緊張《きんちょう》で堅《かた》くなる。そんな彼女《かのじょ》に、母《はは》がかけていたのが**その言葉《ことば》**。数《かぞ》え切《き》れないほど音楽《おんがく》に合《あ》わせて、体《からだ》に振《ふ》り付《つ》けを覚《おぼ》えさせる。練習《れんしゅう》では、何度《なんど》も完璧《かんぺき》に滑《すべ》れるようになってのぞんだ試合《しあい》でも、「試合《しあい》だ！」と意識《いしき》すると、ミスが出《で》やすくなる。だからこそ、リラックスして「いつもどおりに」演技《えんぎ》することが大切《たいせつ》なのだ、ということでしょう。世界中《せかいじゅう》を驚嘆《きょうたん》させ、感動《かんどう》で涙《なみだ》させたソチのフリー演技《えんぎ》。その本番前《ほんばんまえ》、きっと母《はは》の「いつもどおりにね」という声《こえ》が聞《き》こえたに違《ちが》いありません。

浅田真央《あさだまお》の言葉《ことば》

「昨日《きのう》の自分《じぶん》」は、決《けっ》して
「今日《きょう》の自分《じぶん》」を
裏切《うらぎ》らない。

喜《よろこ》んでもらいたい人《ひと》が
見《み》つかると、
人《ひと》は強《つよ》くなれる。

いい演技《えんぎ》を
しているときは、
自分《じぶん》も
わくわくした気持《きも》ちで
できている。

難《むずか》しい技《わざ》だからこそ、
挑戦《ちょうせん》したい。

いろいろなことが
あって、それらを
乗《の》り越《こ》えてきたから、
いまがあるんだなって。

傷《きず》ついたからこそ、わかる気《き》持《も》ち

あなたの
やさしさで、
相手《あいて》の
いじわるを
やっつけ
ちゃいなさい。

レディー・ガガ
音楽家《おんがくか》

ひと  こと

いじめられて、みじめな気持《きも》ちになっているときに支《ささ》えてくれた言葉《ことば》

レディー・ガガ

音楽家《おんがくか》・歌手《かしゅ》、米出身《アメリカしゅっしん》、1986-、父《ちち》は実業家《じつぎょうか》で箱入《はこい》り娘《むすめ》として育《そだ》つ

ポップス界《かい》の歌姫《うたひめ》、レディー・ガガ。歌手《かしゅ》、女優《じょゆう》としても大《だい》活躍《かつやく》の彼女《かのじょ》は、積極的《せっきょくてき》に社会貢献《しゃかいこうけん》活《かつ》動《どう》をしています。そのひとつが、いじめ撲滅《ぼくめつ》のために母親《ははおや》と立《た》ち上《あ》げたボーン・ディス・ウェイ財団《ざいだん》。彼女《かのじょ》のファンのひとりがいじめにより自殺《じさつ》したことがきっかけです。ファンの多《おお》くは10代《だい》で、心《こころ》に暗《くら》く重《おも》いものを抱《かか》えているのを感《かん》じていたそうです。「人《ひと》と違《ちが》うというだけで、命《いのち》を絶《た》ってしまう若者《わかもの》たち」に「あなたは孤独《こどく》ではない」ということを知《し》ってほしい、それが彼女《かのじょ》の心《こころ》からの願《ねが》いなのです。自身《じしん》も学生時代《がくせいじだい》にいじめにあい、自信《じしん》が持《も》てず、自分《じぶん》を醜《みにく》いと感《かん》じていました。そんな彼女《かのじょ》の逃《に》げ場《ば》が音楽《おんがく》と母《はは》。歌《うた》うことで癒《い》やされ、母《はは》に話《はな》すことで安心《あんしん》したといいます。その母《はは》がつねに言《い》っていたのが、**その言葉《ことば》**。相手《あいて》の悪意《あくい》のある態度《たいど》や行動《こうどう》に、愛《あい》をもって対応《たいおう》しなさいということ。悪意《あくい》に悪意《あくい》で返《かえ》しても、おたがいの憎《にく》しみが増幅《ぞうふく》するだけ。つらい体験《たいけん》を乗《の》り越《こ》えた彼女《かのじょ》は、自分《じぶん》が深《ふか》く傷《きず》ついた経験《けいけん》があるからこそ、人《ひと》を思《おも》いやることができ、人《ひと》を癒《い》やす力《ちから》を得《え》ることができたと信《しん》じています。

レディー・ガガの言葉《ことば》

いじめなんて負《ま》け犬《いぬ》のすること。

あなたに影《かげ》の部分《ぶぶん》があるなら、それは光《ひかり》があたっている証拠《しょうこ》よ。

私《わたし》たちがそれぞれ、ほんの少《すこ》しだけ自分《じぶん》を変《か》え、親切《しんせつ》になり、愛情《あいじょう》を示《しめ》し、寛容《かんよう》になれたら、世界《せかい》を変《か》えることができると信《しん》じています。

自分《じぶん》に対《たい》する否定的《ひていてき》な心《こころ》を捨《す》てるの、自分自身《じぶんじしん》ではなく自分《じぶん》を怖《お》じ気《け》づかせる原因《げんいん》を作《つく》った人《ひと》たちを否定《ひてい》すること。

悪口《わるぐち》に負《ま》けそうなとき

高《たか》く跳《と》ぶためには、
思《おも》い切《き》り低《ひく》く
かがまないと
跳《と》べない。

山中伸弥《やまなかしんや》
医学者《いがくしゃ》

ある本《ほん》の中《なか》の言葉《ことば》

ひとこと

すべてがうまくいかず、うつになっていたときに励《はげ》まされた言葉《ことば》

山中伸弥《やまなかしんや》

医学者《いがくしゃ》、大阪府出身《おおさかふしゅっしん》、1962-、父《ちち》は町工場経営《まちこうじょうけいえい》

無《む》限《げん》に増殖《ぞうしょく》する能力《のうりょく》と体《からだ》のすべての細胞《さいぼう》を作《つく》り出《だ》す能力《のうりょく》のあるiPS《アイピーエス》細胞《さいぼう》（人工多能性幹細胞《じんこうたのうせいかんさいぼう》）を発見《はっけん》し、ノーベル生理学《せいりがく》・医学賞《いがくしょう》を受賞《じゅしょう》した山中伸弥《やまなかしんや》教授《きょうじゅ》。彼《かれ》は学生《がくせい》時代《じだい》、柔道《じゅうどう》に打《う》ちこみ、よく骨折《こっせつ》した経験《けいけん》から整形外科医《せいけいげかい》になりました。しかし不器用《ぶきよう》で、20分《ふん》で終《お》わる手術《しゅじゅつ》に2時間《じかん》もかかり、まわりから「ジャマなか」と呼《よ》ばれる始末《しまつ》。そこで、自分《じぶん》には向《む》いていないと大学院《だいがくいん》に入《はい》り、薬《くすり》の研究《けんきゅう》を始《はじ》めました。その後《ご》、アメリカに留学《りゅうがく》し充実《じゅうじつ》した研究生活《けんきゅうせいかつ》を送《おく》って、帰国《きこく》。けれども、日本《にほん》では研究環境《けんきゅうかんきょう》がそれほど整《ととの》っていないため、実験用《じっけんよう》のねずみの世話《せわ》をするうちに、自分《じぶん》は研究者《けんきゅうしゃ》なのかねずみのお世話係《せわがかり》なのかわからなくなります。加《くわ》えて、自分《じぶん》の研究《けんきゅう》テーマを理解《りかい》してもらえず、ストレスからうつ病《びょう》に。難病《なんびょう》の患者《かんじゃ》さんを治《なお》したい、あきらめてはいけないとなんとか立《た》ち直《なお》り、その後《ご》、設備《せつび》の整《ととの》った研究室《けんきゅうしつ》に移《うつ》ることになりました。苦《くる》しさから抜《ぬ》け出《だ》すために、本《ほん》を読《よ》みあさり、心《こころ》に響《ひび》いて支《ささ》えになったのが**その言葉《ことば》**。「悪《わる》いことのあとには、必《かなら》ずいいことがある」と彼《かれ》は講演会《こうえんかい》でよく話《はな》しています。

山中伸弥《やまなかしんや》の言葉《ことば》

しっかりしたビジョンがあれば、どんな仕事《しごと》もとても楽《らく》になる。

本当《ほんとう》に誰《だれ》もやっていないことだったら、どんな研究《けんきゅう》でも価値《かち》がある。

研究《けんきゅう》はフルマラソンに似《に》ている。

若《わか》いうちは何度《なんど》でも失敗《しっぱい》できますから、失敗《しっぱい》を楽《たの》しんでほしいと思《おも》います。

小《ちい》さな話《はなし》3

学校《がっこう》がめんどくさいきみへ

フランスのドキュメンタリー映画《えいが》『世界《せかい》の果《は》ての通学路《つうがくろ》』（2012）は、世界各《せかいかく》地《ち》の子《こ》どもたちが何十《なんじゅう》キロも離《はな》れた学校《がっこう》に、命《いのち》をかけて通《かよ》う姿《すがた》が描《えが》かれています。

インドの東部《とうぶ》、ベンガル湾《わん》に浮《う》かぶ小《ちい》さい島《しま》に住《す》む、13歳《さい》の少女《しょうじょ》、デヴィもそのひとり。彼女《かのじょ》は、別《べつ》の村《むら》にある中学校《ちゅうがっこう》に通《かよ》うために田《た》んぼを歩《ある》き、ふたつの川《かわ》をわたり、森《もり》を抜《ぬ》けて行《い》かなくてはなりません。川《かわ》は渡《わた》し船《ぶね》に乗《の》りますが、バランスが悪《わる》くひっくり返《かえ》ることも。もうひとつは、浅《あさ》いところを探《さが》しながら歩《ある》いて渡《わた》るのです。もっとも危険《きけん》なのは森《もり》を抜《ぬ》けるとき。蛇《へび》や小動物《しょうどうぶつ》がいたり、何《なに》よりも誘拐《ゆうかい》しようと狙《ねら》っている人《ひと》がいたりすること……。

そんな危険《きけん》な通学路《つうがくろ》のため、1年《ねん》に70人《にん》の子《こ》どもたちが学校《がっこう》に通《かよ》うのをやめてしまいます。けれども、デヴィには、医者《いしゃ》になりたいという夢《ゆめ》があります。そして将来《しょうらい》、誰《だれ》でも無料《むりょう》で受診《じゅしん》できる診療所《しんりょうじょ》を、村《むら》に開《ひら》きたいのです。彼女《かのじょ》の母親《ははおや》は学校《がっこう》に行《い》けなかったので、読《よ》み書《か》きができません。娘《むすめ》には、そんな大人《おとな》になってほしくないと願《ねが》っています。父親《ちちおや》は毎日《まいにち》漁師《りょうし》として重労働《じゅうろうどう》をこなし、母親《ははおや》も畑仕事《はたけしごと》をしながら、デヴィとその妹《いもうと》ふたりの教育《きょういく》のために、身《み》を削《けず》っています。

ケニアに住《す》む11歳《さい》の男《おとこ》の子《こ》ジャクソン。15キロ離《はな》れた学校《がっこう》に、6歳《さい》の妹《いもうと》と往復《おうふく》4時間《じかん》かけてサバンナ（草原《そうげん》）を、駆《か》けていきます。注意《ちゅうい》しなければならないのはゾウの集団《しゅうだん》。襲《おそ》ってくることがあるからです。1年間《ねんかん》に数人《すうにん》が命《いのち》をおとすそうです。

両親《りょうしん》は、木炭《もくたん》をつくって売《う》って生活《せいかつ》しています。彼《かれ》らはどんなに貧《まず》しくても、子《こ》どもに教育《きょういく》を受《う》けさせるということをけっしてあきらめません。子《こ》どもたちが学校《がっこう》に出《で》かける前《まえ》に、父親《ちちおや》は、「無事《ぶじ》に学校《がっこう》に着《つ》きますように！　一生懸命《いっしょうけんめい》勉強《べんきょう》して、成績《せいせき》がよくなりますように！　無地《ぶじ》に帰《かえ》ってきますように！」と祈《いの》ります。

なんとなく学校《がっこう》に行《い》きたくないなあ、めんどうだなあ、つまらないなあなどと、漠然《ばくぜん》と考《かんが》えているきみ。そんなとき、思《おも》い出《だ》してください。世界《せかい》には、貧困《ひんこん》を抜《ぬ》け出《だ》しより豊《ゆた》かな将来《しょうらい》のために、命《いのち》がけで学校《がっこう》に通《かよ》っている子《こ》どもたちが大勢《おおぜい》いることを。

第《だい》4章《しょう》

夢《ゆめ》をかなえるために

「ゴミ拾《ひろ》い」が運《うん》につながる

……
他人《たにん》がポイと捨《す》てた運《うん》を拾《ひろ》っているんです。
大谷翔平《おおたにしょうへい》
大《だい》リーガー

このひと

目標設定《もくひょうせってい》と行動《こうどう》と「運《うん》」を引《ひ》き寄《よ》せるために

大谷翔平《おおたにしょうへい》

プロ野球選手《やきゅうせんしゅ》・大《だい》リーガー、1994-、岩手県出身《いわてけんしゅっしん》、父《ちち》は社会人《しゃかいじん》野球選手《やきゅうせんしゅ》、母《はは》はバドミントン選手《せんしゅ》、3人兄弟末《にんきょうだいすえ》っ子《こ》

大《おお》谷翔平《たにしょうへい》は、大《だい》リーグで活躍《かつやく》するプロ野球選手《やきゅうせんしゅ》。ピッチャーとバッター、いわゆる二刀流《にとうりゅう》として超一流《ちょういちりゅう》のまれな存在《そんざい》です。彼《かれ》は高校《こうこう》1年生《ねんせい》のときに、プロとして成功《せいこう》するために「目標達成《もくひょうたっせい》シート」を作《さく》成《せい》しました。当時《とうじ》の目標《もくひょう》は、「8球団《きゅうだん》からドラフト1位《い》で指名《しめい》される」こと。それを実現《じつげん》するための行動目標《こうどうもくひょう》として、「メンタル」「スピード」「キレ」「体《からだ》づくり」など、8つのテーマを設定《せってい》しました。そのひとつが、「運《うん》を引《ひ》き寄《よ》せる」でした。具体策《ぐたいさく》として、「ゴミ拾《ひろ》い」「部屋掃除《へやそうじ》」「あいさつ」「審判《しんぱん》さんへの態度《たいど》」「道具《どうぐ》を大切《たいせつ》に扱《あつか》う」「プラス思考《しこう》」「応援《おうえん》される人間《にんげん》になる」「本《ほん》を読《よ》む」といった要素《ようそ》をあげています。落《お》ちているゴミを見《み》て通《とお》り過《す》ぎようとすると「おまえ、それでいいのか？」と問《と》われているような気《き》がするとか。ゴミを拾《ひろ》うたびに運《うん》がよくなって、ゴミを見《み》つけることが楽《たの》しみに変《か》わっていくそうです。夢《ゆめ》の実現《じつげん》のためには、まず目標《もくひょう》を設定《せってい》し、紙《かみ》に書《か》き出《だ》す。そして、実際《じっさい》に行動《こうどう》すること。さらに、何《なに》かひとつ、人《ひと》のために実行《じっこう》してみる。いいことの積《つ》み重《かさ》ねは、運《うん》を引《ひ》き寄《よ》せてくれるに違《ちが》いありません。

運《うん》のよい人《ひと》というのは、強《つよ》い信念《しんねん》を維持《いじ》し、数々《かずかず》の犠牲《ぎせい》をはらい、粘《ねば》り強《づよ》い努力《どりょく》を続《つづ》けてきた人《ひと》である。

ジェームズ・アレン、作家《さっか》、英《イギリス》（1864-1912）

私《わたし》は、運《うん》の存在《そんざい》を強《つよ》く信《しん》じている。そして、運《うん》は努力《どりょく》すればするほどついてくるのを知《し》っている。

トーマス・ジェファーソン、米《アメリカ》第《だい》3代大統領《だいだいとうりょう》（1743-1826）

運《うん》を待《ま》たず、運《うん》をとりにいく人《ひと》が成功《せいこう》する。

安田善次郎《やすだぜんじろう》、安田財閥《やすだざいばつ》の祖《そ》（1838-1921）

起《お》きていることはすべてキセキ

宮崎《みやざき》 駿《はやお》
映画監督《えいがかんとく》

この　ひと

人生《じんせい》で出会《であ》う人《ひと》、物事《ものごと》を大切《たいせつ》に

宮崎《みやざき》　駿《はやお》

映画監督《えいがかんとく》・漫画家《まんがか》、東京出身《とうきょうしゅっしん》、1941-、
父《ちち》は宮崎航空興学役員《みやざきこうくうこうがくやくいん》、4人兄弟《にんきょうだい》の次男《じなん》

世《せ》界《かい》に誇《ほこ》るアニメーション映画《えいが》の巨匠《きょしょう》、宮崎駿《みやざきはやお》は、会社経営《かいしゃけいえい》の父《ちち》のもと、裕福《ゆうふく》な家《いえ》に生《う》まれ、何《なに》不自由《ふじゆう》なく育《そだ》ちます。幼《おさな》いころから、絵《え》の才能《さいのう》は抜群《ばつぐん》で、映画《えいが》や本《ほん》に熱心《ねっしん》にふれ、高校生《こうこうせい》で漫画家《まんがか》になると決《けっ》心《しん》。それでも、とりあえず大学《だいがく》に進学《しんがく》しようと勉強《べんきょう》しながら劇画《げきが》を描《えが》いていたころ、『白蛇伝《はくじゃでん》』というアニメに出合《であ》い、漫画《まんが》を描《か》きはじめます。いわゆる〝いい子《こ》〟だった彼《かれ》は、親《おや》の意見《いけん》に逆《さか》らうことはありませんでした。それではいけない、自分《じぶん》で立《た》ち上《あ》がって生《い》きていかなければと気《き》づきます。その反動《はんどう》で、子《こ》どもの純粋《じゅんすい》さまで否定《ひてい》し、受験《じゅけん》の鬱憤《うっぷん》のなかでうらみつらみを劇画《げきが》にぶつけていたといいます。そんな彼《かれ》に『白蛇伝《はくじゃでん》』は、子《こ》どもの素直《すなお》な大《おお》らかさを描《えが》いていこうと思《おも》わせてくれました。「親《おや》というものは、子《こ》どもの純粋《じゅんすい》さ、大《おお》らかさを踏《ふ》みつぶす可能性《かのうせい》がある」だからこそ子《こ》どもたちに「親《おや》に食《く》い殺《ころ》されるな」という親《おや》からの自立《じりつ》をうながす作品《さくひん》をつくりたい。その思《おも》いは、彼《かれ》の作品《さくひん》のなかに脈々《みゃくみゃく》と引《ひ》き継《つ》がれ、いまでも目《め》の前《まえ》にいる子《こ》どもに、生《う》まれてきれくれてよかったという気持《きも》ちで映画作《えいがづく》りに励《はげ》んでいます。

本当《ほんとう》に大切《たいせつ》な人《ひと》との
出会《であ》いは、すべての過去《かこ》を
ひっくり返《かえ》す力《ちから》を
持《も》っている。

3代目桂米朝《だいめかつらべいちょう》、
落語家《らくごか》
（1925-2015）

おもしろがる実力《じつりょく》が
あれば、世界中《せかいじゅう》どこでも
おもしろい。

西江雅之《にしえまさゆき》、
文化人類学者《ぶんかじんるいがくしゃ》
（1937-2015）

世《よ》の中《なか》を楽《たの》しく観《み》る、
美《うつく》しく観《み》る、
よく観《み》るということが
きわめて大切《たいせつ》です。

野間清治《のませいじ》、
出版者《しゅっぱんしゃ》
（1878-1938）

「女《おんな》のくせに」はほめ言葉《ことば》？

アメリア・イアハート
飛行士《ひこうし》

この  ひと

自分《じぶん》の願望《がんぼう》を あきらめずに、成《な》し遂《と》げた 女性初《じょせいはつ》の飛行士《ひこうし》

アメリア・イアハート

飛行士《ひこうし》、米《アメリカ》出身《しゅっしん》、1897-1937、ドイツ系《けい》の裕福《ゆうふく》な家庭《かてい》の生《う》まれ、太平洋上《たいへいようじょう》で失踪《しっそう》

女《じょ》性《せい》パイロットとして初《はじ》めて大《たい》西洋《せいよう》横断《おうだん》飛行《ひこう》に成功《せいこう》したアメリア・イアハートは、幼《おさな》いころから活発《かっぱつ》で、冒険好《ぼうけんず》き。お気《き》に入《い》りは草《くさ》ぞりで、あるときスピードにのり、体《からだ》が空中《くうちゅう》にほうりだされたときの感《かん》覚《かく》が、忘《わす》れられませんでした。大人《おとな》になり航空《こうくう》ショーで、初《はじ》めて飛行機《ひこうき》に乗《の》り、パイロットになることを決心《けっしん》。大学《だいがく》をやめてパイロット訓練学校《くんれんがっこう》に通《かよ》うことにします。そのころ、飛行機《ひこうき》は事故《じこ》が多《おお》く、危険《きけん》な乗《の》り物《もの》で、「女《おんな》のくせに」と悪口《わるぐち》を言《い》う人《ひと》も。それでも、働《はたら》いて授業料《じゅぎょうりょう》を稼《かせ》ぎ、パイロットの国《こく》際資格《さいしかく》を取得《しゅとく》。そんなある日《ひ》、「大西洋《たいせいよう》を横断《おうだん》する最初《さいしょ》の女性《じょせい》にならないか」という誘《さそ》いが舞《ま》いこみます。ふたつ返事《へんじ》で受《う》けましたが、ふたをあけてみると、男性《だんせい》パイロットが操縦《そうじゅう》し、自分《じぶん》は記録《きろく》をつけるだけ。横断《おうだん》は成功《せいこう》し、有《ゆう》名《めい》になった彼女《かのじょ》は、執筆《しっぴつ》や講演《こうえん》をしながら飛行技術《ひこうぎじゅつ》をみがき、今度《こんど》は、自分《じぶん》ひとりで横断《おうだん》できるチャンスをねらっていました。こうしてやっと大西洋《たいせいよう》横《おう》断《だん》する日《ひ》がやってきました。途中《とちゅう》、エンジントラブルや悪天候《あくてんこう》にあいながらも、「女性《じょせい》にはできるわけない」と思《おも》われた偉業《いぎょう》を成《な》し遂《と》げたのです。

やるべきことが決《き》まったならば、執念《しゅうねん》をもってとことんまで推《お》し進《すす》めよ。問題《もんだい》は、能力《のうりょく》ではなく、執念《しゅうねん》の欠如《けつじょ》である。

● 土光敏夫《どこうとしお》、エンジニア・実業家《じつぎょうか》（1896-1988）

結果《けっか》というものにたどり着《つ》けるのは、偏執狂《へんしゅうきょう》だけである。

● アルベルト・アインシュタイン、理論物理学者《りろんぶつりがくしゃ》、独《ドイツ》（1879-1955）

私《わたし》は、物事《ものごと》をとことん突《つ》き詰《つ》めるのが好《す》きだ。そうすれば、たいていよい結果《けっか》がでるから。

● ビル・ゲイツ、マイクロソフト創業者《そうぎょうしゃ》、米《アメリカ》（1955-）

いまの自分《じぶん》がやりたいことを

自分《じぶん》がやりたいこと、
やったら楽《たの》しい
だろうと思《おも》うことを
やるのがいちばん!

若宮正子《わかみやまさこ》
アプリ開発者《かいはつしゃ》

このひと

**年齢《ねんれい》なんか関係《かんけい》ない！
やりたいことがあれば
いつでも青春《せいしゅん》**

若宮正子《わかみやまさこ》

アプリ開発者《かいはつしゃ》、東京都出身《とうきょうとしゅっしん》、
1935-、60歳《さい》でパソコンを始《はじ》める

2017年《ねん》、アップル社《しゃ》のCEO《シーイーオー》ティム・クックから世《せ》界開発者会議《かいかいはっしゃかいぎ》に招待《しょうたい》された日本人《にほんじん》女性《じょせい》がいます。若宮正子《わかみやまさこ》、御年《おんとし》82歳《さい》でした。その年《とし》の2月《がつ》に独自《どくじ》の「hinadan《ひなだん》」というシニア向《む》けのゲームアプリがアップルより配信《はいしん》され、クックの関心《かんしん》を引《ひ》いたのです。

銀行員《ぎんこういん》だった彼女《かのじょ》は、定年退職《ていねんたいしょく》したとたん、母親《ははおや》の介護生活《かいごせいかつ》に突入《とつにゅう》。外出《がいしゅつ》もできず、憂鬱《ゆううつ》な日々《ひび》が続《つづ》きます。そんなとき、パソコンがあれば、家《いえ》でもおしゃべりができるという記事《きじ》を目《め》にします。パソコンを衝動買《しょうどうが》いして、格闘《かくとう》するはめに。元来《がんらい》、メカニックには弱《よわ》いし、当時《とうじ》はまだ詳細《しょうさい》なマニュアルがなく、やっと通信《つうしん》ができたのが購入《こうにゅう》してから3か月後《げつご》でした。その後《ご》、老人《ろうじん》向《む》けサイト「メロウ倶楽部《くらぶ》」の創設《そうせつ》に参加《さんか》し、Excel《エクセル》アートを考案《こうあん》。それで作《つく》った図柄《ずがら》は、最終的《さいしゅうてき》にうちわやバッグに仕立《した》てる教材《きょうざい》になっています。

冒険好《ぼうけんず》きで、昔《むかし》から、ひとりで海外旅行《かいがいりょこう》するタイプ。「人《ひと》の目《め》ばかり気《き》にするのは生《い》きづらい。それより自分《じぶん》を大事《だいじ》にしないと。女《おんな》らしくよりも、自分《じぶん》らしくがいちばんですよ」といまでも、いろいろな活動《かつどう》に従事《じゅうじ》しています。

**年齢《ねんれい》なんか
単《たん》なる思《おも》いこみ。
こちらが無視《むし》して
しまえば、
あちらだって
無視《むし》してくれる。**

エラ・ウィーラー・ウィルコックス、詩人《しじん》・著作家《ちょさっか》、米《アメリカ》
（1850-1919）

**若《わか》いころに戻《もど》りたいと
思《おも》っても、何《なん》の役《やく》にも
立《た》ちません。いまの自分《じぶん》に
できることを楽《たの》しんでは
どうかしら？**

ターシャ・テューダー、
絵本作家《えほんさっか》、米《アメリカ》
（1915-2008）

**青春《せいしゅん》とは人生《じんせい》の
ある期間《きかん》ではなく、
心《こころ》の持《も》ち方《かた》をいう。**

サムエル・ウルマン、
詩人《しじん》、米《アメリカ》
（1840-1924）

「誰《だれ》かのために」はいちばん強《つよ》い

この  ひと

母《はは》の苦労《くろう》をなんとか改善《かいぜん》したい、その一心《いっしん》で発明《はつめい》に成功《せいこう》

豊田佐吉《とよださきち》

発明家《はつめいか》・実業家《じつぎょうか》、静岡県出身《しずおかけんしゅっしん》、1867-1930、4人兄弟《にんきょうだい》の長男《ちょうなん》

世《せ》界《かい》のトヨタの元《もと》を築《きず》いた発明家《はつめいか》、豊田佐吉《とよださきち》は、小学校《しょうがっこう》卒業《そつぎょう》後《ご》、農家《のうか》の父《ちち》が兼業《けんぎょう》していた大工《だいく》の仕事《しごと》の見習《みなら》いを始《はじ》めました。勉強熱心《べんきょうねっしん》な彼《かれ》は、仕事《しごと》の合間《あいま》に学校《がっこう》の教室《きょうしつ》の外《そと》に座《すわ》って授業《じゅぎょう》を聞《き》くほどでした。

そんななか、イギリスの産業革命《さんぎょうかくめい》の話《はなし》を耳《みみ》にします。はた織《お》り機《き》よりも早《はや》く動《うご》き、布《ぬの》がらくに織《お》れると聞《き》いた彼《かれ》は、長時間《ちょうじかん》、腰《こし》が痛《いた》くなるほど織《お》り続《つづ》ける母親《ははおや》を思《おも》い浮《う》かべます。「なんとかしたい！」と、学校《がっこう》の先生《せんせい》に発明家《はつめいか》の本《ほん》を貸《か》してもらい、自己流《じこりゅう》で研究《けんきゅう》を始《はじ》めます。東京《とうきょう》の博覧会《はくらんかい》に行《い》き、外国《がいこく》製《せい》のはた織《お》り機《き》を観察《かんさつ》するなどして、試行錯誤《しこうさくご》を重《かさ》ね、やっと片手《かたて》で使《つか》えるはた織《お》り機《き》を制作《せいさく》。母《はは》は、誰《だれ》よりも喜《よろこ》んでくれました。その後《ご》、日本《にほん》で初《はじ》めて自動《じどう》のはた織《お》り機《き》を完成《かんせい》させます。改良《かいりょう》したはた織《お》り機《き》にイギリスの会社《かいしゃ》が「このすばらしいはた織《お》り機《き》を作《つく》らせてほしい」と頼《たの》みに来《き》たほどでした。彼《かれ》は「日本人《にほんじん》でも、世界《せかい》に通用《つうよう》する発明品《はつめいひん》を生《う》み出《だ》せることを証明《しょうめい》できたことが何《なに》よりうれしい」と語《かた》っています。息子《むすこ》の喜一郎《きいちろう》に外国《がいこく》に負《ま》けない自動車《じどうしゃ》を開発《かいはつ》するようにすすめ、それがいまや世界《せかい》のトヨタとなったのです。

研究《けんきゅう》だけをやっていたのではだめだ。それをどうやって世《よ》の中《なか》に役立《やくだ》てるかを考《かんが》えよ。

● 北里柴三郎《きたざとしばさぶろう》、細菌学者《さいきんがくしゃ》（1853-1931）

人間《にんげん》の心《こころ》の一番奥底《いちばんおくそこ》にあるのは、人《ひと》に喜《よろこ》ばれたいという渇望《かつぼう》だ。

● ウィリアム・ジェームズ、哲学者《てつがくしゃ》・心理学者《しんりがくしゃ》（1842-1910）

人間《にんげん》はただ生《い》きるために生《う》まれてくるのではなく、世《よ》のため人《ひと》のために、事《こと》をなすために生《う》まれてくるのだ。

● 坂本龍馬《さかもとりょうま》、土佐藩郷士《とさはんごうし》（1836-1867）

「99%無理《むり》」と言《い》われても

お前《まえ》が俳優《はいゆう》!?
しかもハリウッドって!
それで英語勉強《えいごべんきょう》してんの?
ムリムリ!!
ENGLISH

つねに何《なに》かに挑戦《ちょうせん》していれば、輝《かがや》きは失《うしな》われない。

三浦知良《みうらかずよし》
プロサッカー選手《せんしゅ》

このひと

まわりに絶対《ぜったい》にできないと言《い》われても、自分《じぶん》を信《しん》じて挑戦《ちょうせん》する

三浦知良《みうらかずよし》

プロサッカー選手《せんしゅ》、静岡県出身《しずおかけんしゅっしん》、

1967-

1981年《ねん》、15歳《さい》の三浦知良《みうらかずよし》は、進路希望調査書《しんろきぼうちょうさしょ》に「ブラジルに行《い》って、プロのサッカー選手《せんしゅ》になる」と書《か》きました。兄《あに》もサッカー、伯父《おじ》は少年《しょうねん》サッカーチームの監督《かんとく》で自然《しぜん》にサッカーをするように。小学生《しょうがくせい》のとき、ブラジルチームのワールドカップでのプレーに魅了《みりょう》され、ひそかに「ブラジル行《い》き」を決意《けつい》します。数年後《すうねんご》、いざ実行《じっこう》しようとすると、まわりは猛反対《もうはんたい》。選抜選手《せんばつせんしゅ》でもなかった彼《かれ》は、「99%無理《むり》」と言《い》われましたが、「残《のこ》りの1%を信《しん》じる!」と宣言《せんげん》。そんな彼《かれ》を、両親《りょうしん》は全力《ぜんりょく》で応援《おうえん》してくれました。ブラジルでは、育成《いくせい》チームに所属《しょぞく》し、もくもくと練習《れんしゅう》する日々《ひび》。3年《ねん》たっても芽《め》が出《で》ず、「もう日本《にほん》に帰《かえ》ろう」と思《おも》っていたとき、子《こ》どもたちがボロボロのボールと裸足《はだし》で、サッカーをしているのを見《み》て「なんて、自分《じぶん》はぜいたくなんだろう」と反省《はんせい》します。チームに戻《もど》り、19歳《さい》で、ついにプロのサッカー選手《せんしゅ》に。その後《ご》、名門《めいもん》チームの主力選手《しゅりょくせんしゅ》にまで成長《せいちょう》します。1993年《ねん》、Jリーグが開幕《かいまく》すると、日本《にほん》のサッカーを盛《も》り上《あ》げるために帰国《きこく》。日本《にほん》のサッカー界《かい》の立役者《たてやくしゃ》となったのです。

「不可能《ふかのう》」とは、誰《だれ》かに決《き》めつけられることではない。

モハメド・アリ、元《もと》プロボクサー、米《アメリカ》
（1942-2016）

私《わたし》はいつも自分《じぶん》のできないことをしている。そうすれば、できるようになるからだ。

パブロ・ピカソ、画家《がか》・彫刻家《ちょうこくか》、西《スペイン》
（1881-1973）

つばさを持《も》たずに生《う》まれてきたなら、つばさをはやすためにどんなことでもしなさい。

ココ・シャネル、デザイナー、仏《フランス》
（1883-1971）

ほんの小《ちい》さな一歩《いっぽ》で

「自分《じぶん》のできること」よりも、「世《よ》の中《なか》が求《もと》めている」ことに挑戦《ちょうせん》しつづけたほうが、人生《じんせい》も楽《たの》しい。

糸川英夫《いとかわひでお》
工学者《こうがくしゃ》

この  ひと

長年《ながねん》の夢《ゆめ》が結実《けつじつ》し、日本《にほん》の宇宙開発《うちゅうかいはつ》の基礎《きそ》をつくった研究者《けんきゅうしゃ》

糸川英夫《いとかわひでお》

工学者《こうがくしゃ》、東京都《とうきょうと》出身《しゅっしん》、
1912-1999、父《ちち》は教師《きょうし》

2010年《ねん》、日本《にほん》の探査機《たんさき》はやぶさが、小惑星《しょうわくせい》の細《こま》かいカケラを持《も》ち帰《かえ》り、大《おお》いに話題《わだい》になりました。その惑星《わくせい》の名前《なまえ》はイトカワ。日本《にほん》の宇宙開発《うちゅうかいはつ》の父《ちち》・糸川英夫《いとかわひでお》に由来《ゆらい》します。英夫《ひでお》が飛行機《ひこうき》を見《み》たのは3歳《さい》のとき。空中《くうちゅう》ショーでのアクロバット飛行《ひこう》でした。そのときの感動《かんどう》が忘《わす》れられない少年《しょうねん》は、しかし、勉強《べんきょう》には身《み》が入《はい》りません。あるとき、近所《きんじょ》に住《す》む病弱《びょうじゃく》で学校《がっこう》に行《い》けない子《こ》に、勉強《べんきょう》を教《おし》えたことがきっかけで、勉学《べんがく》に励《はげ》むように。その後《ご》、好《す》きだった飛行機制作《ひこうきせいさく》に携《たずさ》わるため、大学《だいがく》を出《で》て飛行機会社《ひこうきがいしゃ》に入社《にゅうしゃ》し、戦争中《せんそうちゅう》だったため、軍用機《ぐんようき》を設計《せっけい》。敗戦後《はいせんご》、飛行機開発《ひこうきかいはつ》が禁《きん》じられ、目標《もくひょう》を失《うしな》った彼《かれ》は、数年後《すうねんご》ロケットに希望《きぼう》を見出《みいだ》します。さっそく人員《じんいん》を集《あつ》め、出資《しゅっし》してくれる会社《かいしゃ》を探《さが》しながら、やっと23センチのペンシルロケットを制作《せいさく》。「小《ちい》さくても、一歩一歩進《いっぽいっぽすす》んでいけばいい」と実験《じっけん》を開始《かいし》し、そうこうするうちにチャンスがめぐってきます。地球観測《ちきゅうかんそく》のためにロケットを打《う》ち上《あ》げることになったのです。何度《なんど》も失敗《しっぱい》して、1958年《ねん》、地上《ちじょう》60キロまでロケットを飛《と》ばし、観測《かんそく》に成功《せいこう》し、宇宙開発《うちゅうかいはつ》の礎《いしずえ》を築《きず》いたのです。

自分《じぶん》のやりたいことを
一所懸命《いっしょうけんめい》にやり、
それで人《ひと》を助《たす》けることが
できれば幸《しあわ》せだ。

野口英世《のぐちひでよ》、細菌学者《さいきんがくしゃ》（1876-1928）

幸福《こうふく》になりたい
のだったら、
人《ひと》を喜《よろこ》ばすことを
勉強《べんきょう》したまえ。

マシュー・プリオール、詩人《しじん》・外交官《がいこうかん》、英《イギリス》（1664-1721）

世《よ》のため人《ひと》のためになり、
ひいては自分《じぶん》のために
なるということを
やったら必《かなら》ず成就《じょうじゅ》します。

松下幸之助《まつしたこうのすけ》、パナソニック創業者《そうぎょうしゃ》（1894-1989）

第《だい》5章《しょう》

「つらい気持《きも》ち」を乗《の》り越《こ》えたい

思《おも》いどおりに生《い》きていい

人《ひと》と同《おな》じような
生活《せいかつ》と心《こころ》を求《もと》めて、
人々《ひとびと》と違《ちが》うことを
成《な》し遂《と》げられる
わけではない。
これでいいのだ。

荻野吟子《おぎのぎんこ》
医師《いし》

このひと

さまざまな障害《しょうがい》を乗《の》り越《こ》えて、自分《じぶん》の意志《いし》を成就《じょうじゅ》させた日本初《にほんはつ》の女医《じょい》

荻野吟子《おぎのぎんこ》

医師《いし》・女性運動家《じょせいうんどうか》、埼玉県出身《さいたまけんしゅっしん》、1851-1913、名家《めいか》生《う》まれの5女《じょ》

日《に》本《ほん》で初《はつ》の女医《じょい》、荻野吟子《おぎのぎんこ》。17歳《さい》で見合《みあ》い結婚《けっこん》し、しばらくして夫《おっと》に病気《びょうき》をうつされ婦人科《ふじんか》の治療《ちりょう》を受《う》けていたときのこと。男性《だんせい》の医者《いしゃ》の診察《しんさつ》を受《う》けるのをためらい、病状《びょうじょう》を悪化《あっか》させて、自分《じぶん》と同《おな》じように苦《くる》しんでいる多《おお》くの女性《じょせい》を知《し》り、「医者《いしゃ》になりたい！」と強《つよ》く思《おも》うようになりました。離婚《りこん》した彼女《かのじょ》に、まわりは「再婚《さいこん》するように」とすすめるばかりで「仕事《しごと》をするなど良家《りょうけ》の子女《しじょ》のすることではない」と猛反対《もうはんたい》。しかし、彼女《かのじょ》の強《つよ》い意志《いし》を理解《りかい》した父親《ちちおや》は「思《おも》いどおりに生《い》きていい」と遺言《ゆいごん》をのこし、他界《たかい》します。当時《とうじ》の医学部《いがくぶ》や医学校《いがっこう》は、女子《じょし》の入学《にゅうがく》を認《みと》めておらず、つてを使《つか》って探《さが》した末《すえ》、好寿院《こうじゅいん》が「女子《じょし》としてあつかわない」という条件《じょうけん》つきで入学《にゅうがく》を許可《きょか》してくれました。猛勉強《もうべんきょう》し、優秀《ゆうしゅう》な成績《せいせき》で卒業《そつぎょう》しましたが、今《こん》度《ど》は医師《いし》の国家試験《こっかしけん》を受《う》けさせてくれません。当時《とうじ》、自由民権運動《じゆうみんけんうんどう》がさかんになるなかで、女性《じょせい》の権利《けんり》を主張《しゅちょう》する女性《じょせい》たちも出《で》てきました。その活躍《かつやく》ぶりに励《はげ》まされ、あきらめずに何度《なんど》も内務省《ないむしょう》にかけあい、ついに試験《しけん》を受《う》け、女性《じょせい》でただひとり合格《ごうかく》。長年《ながねん》にわたる強《つよ》い思《おも》いを、やっと実現《じつげん》したのです。

人生《じんせい》で経験《けいけん》したすべての逆境《ぎゃっきょう》、トラブル、障害《しょうがい》が私《わたし》を強《つよ》くしてくれた。

ウォルト・ディズニー、実業家《じつぎょうか》・映画製作者《えいがせいさくしゃ》、米《アメリカ》（1901-1966）

誰《だれ》もの心《こころ》に、何《なに》かに向《む》かって燃《も》える火《ひ》があります。それを見《み》つけ、燃《も》やし続《つづ》けることが、私《わたし》たちの人生《じんせい》の目的《もくてき》なのです。

メアリー・ルー・レットン、体操選手《たいそうせんしゅ》、米《アメリカ》（1968-）

人間《にんげん》、心《こころ》に深《ふか》く傷《きず》を負《お》うことがある。そういうときは、新《あたら》しく生《う》まれ変《か》わるチャンス。

丹波哲郎《たんばてつろう》、俳優《はいゆう》（1922-2006）

「今日《きょう》は何《なに》もいいことがなかった」と感《かん》じたら

苦《くる》しい幼少年時代《ようしょうねんじだい》、
笑《わら》いのすばらしさを
知《し》って
世界《せかい》の喜劇王《きげきおう》に

チャーリー・チャップリン

映画俳優《えいがはいゆう》・監督《かんとく》、英国出身《えいこくしゅっしん》、
1889-1977、両親《りょうしん》は貧《まず》しい芸人《げいにん》

喜《き》劇《げき》の王様《おうさま》チャーリー・チャップリン。生《う》まれて早々《そうそう》に両親《りょうしん》は離婚《りこん》。歌手《かしゅ》である母《はは》のもとで育《そだ》ちます。あるとき、具合《ぐあい》の悪《わる》い母《はは》のかわりに舞台《ぶたい》に出演《しゅつえん》。どうしようかと困《こま》っているうちに観客《かんきゃく》が「早《はや》くしろー」と言《い》いながら、お金《かね》を舞台《ぶたい》に次々《つぎつぎ》と投《な》げこみました。生活《せいかつ》に困《こま》っていた彼《かれ》は、まずお金《かね》を拾《ひろ》ってから芸《げい》をしようと、舞台《ぶたい》を走《はし》りまわって帽子《ぼうし》にお金《かね》を入《い》れます。その姿《すがた》に観客《かんきゃく》は大爆笑《だいばくしょう》！「お客《きゃく》さんを笑《わら》わせ喜《よろこ》ばせることはなんと楽《たの》しいのだろう」と、そのとき実感《じっかん》しました。7歳《さい》で母親《ははおや》が入院《にゅういん》し、孤児院《こじいん》を転々《てんてん》とすることに。その間《あいだ》も、生《い》きるためにあらゆる職《しょく》を経験《けいけん》します。その後《ご》、人気《にんき》の喜劇《きげき》一座《いちざ》に入《はい》り、才能《さいのう》を認《みと》められるまでに。アメリカで巡業中《じゅんぎょうちゅう》に喜劇映画《きげきえいが》の道《みち》に進《すす》み、『黄金狂時代《おうごんきょうじだい》』『モダン・タイムス』など多《おお》くの名作《めいさく》をヒットさせました。戦争中《せんそうちゅう》、ヒトラーの残虐《ざんぎゃく》なユダヤ人迫害《じんはくがい》にいきどおり、『独裁者《どくさいしゃ》』という映画《えいが》を制作《せいさく》。命《いのち》が狙《ねら》われる危険《きけん》もありましたが、公開《こうかい》にこぎつけます。彼《かれ》は人《ひと》の命《いのち》を大切《たいせつ》にしない男《おとこ》が許《ゆる》せなかったのです。孤独《こどく》な心《こころ》を抱《かか》えた彼《かれ》も、晩年《ばんねん》には家族《かぞく》に恵《めぐ》まれ、おだやかに過《す》ごしました。

孤独《こどく》な人《ひと》はあまりに
深《ふか》く苦《くる》しんだために、
笑《わら》いを発明《はつめい》しなくては
ならなかったのだ。

ニーチェ、哲学者《てつがくしゃ》、独《ドイツ》
（1844-1900）

幸福《こうふく》になることが
人生《じんせい》の唯一《ゆいいつ》の目的《もくてき》です。
そして、
1日《にち》に何回微笑《なんかいほほえ》むかが、
その人《ひと》の幸福《こうふく》をはかる
唯一《ゆいいつ》の目安《めやす》です。

スティーブ・ウォズニアック、
アップル共同創業者《きょうどうそうぎょうしゃ》、米《アメリカ》
（1950-）

愛《あい》と笑《わら》いがなければ、
楽《たの》しみはない。
愛《あい》と笑《わら》いに囲《かこ》まれて
生《い》きよ。

ホラティウス、詩人《しじん》、
古代《こだい》ローマ（BC65-8）

いま、動《うご》くことに意味《いみ》がある

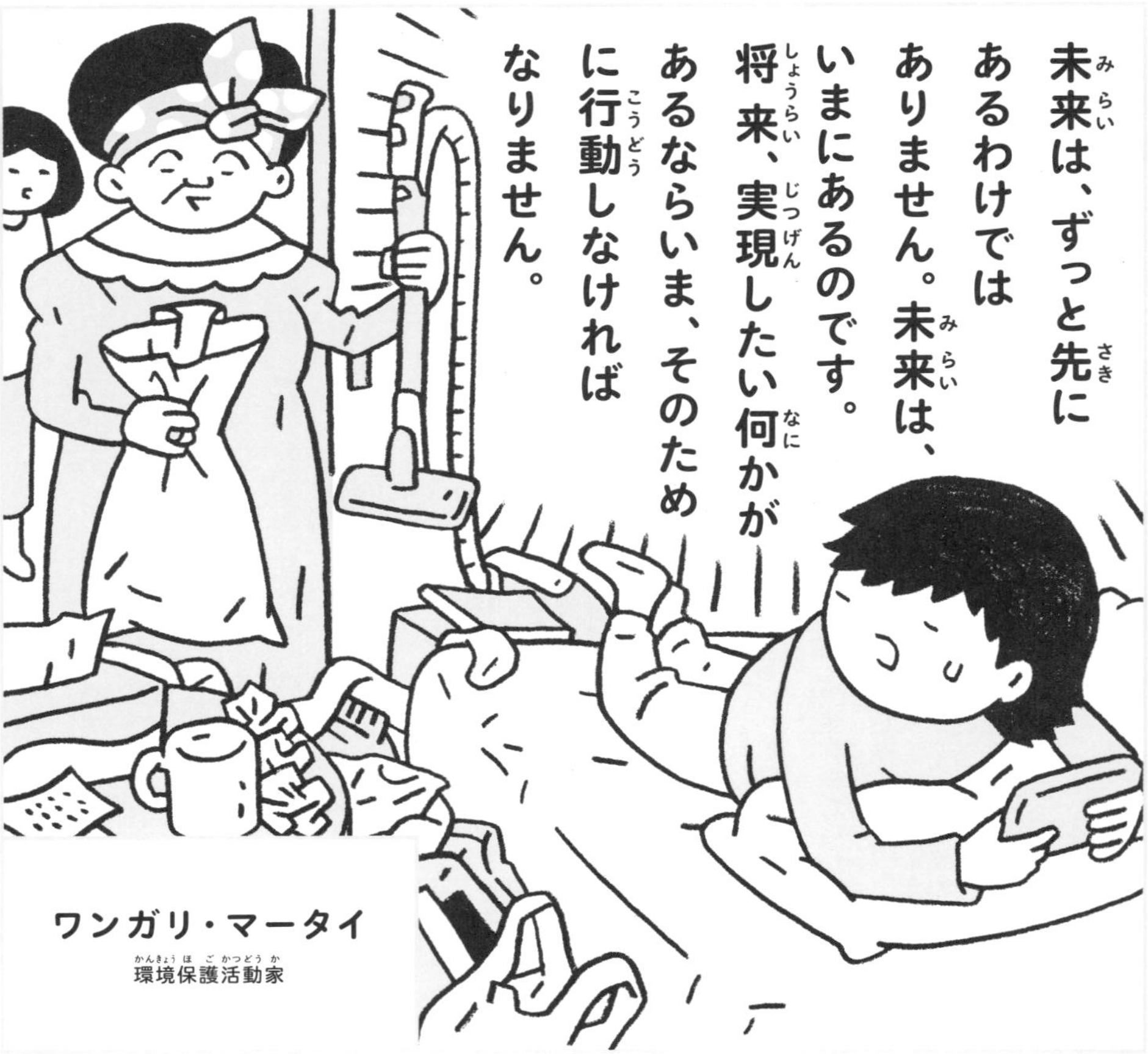

未来《みらい》は、ずっと先《さき》にあるわけではありません。未来《みらい》は、いまにあるのです。将来《しょうらい》、実現《じつげん》したい何《なに》かがあるならいま、そのために行動《こうどう》しなければなりません。

ワンガリ・マータイ
環境保護活動家《かんきょうほごかつどうか》

この  ひと

目標《もくひょう》を持《も》ち、「いま」行動《こうどう》することの大切《たいせつ》さ

ワンガリ・マータイ

環境保護活動家《かんきょうほごかつどうか》、ケニア出身《しゅっしん》、1940-2011、農家《のうか》に生まれる

日《に》本《ほん》語《ご》である「MOTTAINAI（モッタイナイ）」という言葉《ことば》に感銘《かんめい》を受《う》け、世界《せかい》に広《ひろ》めた女性《じょせい》、ワンガリ・マータイ。彼女《かのじょ》は貧《まず》しい家《いえ》に生《う》まれ、幼《おさな》いころから家事《かじ》や農作業《のうさぎょう》の手伝《てつだ》いをしながら育《そだ》ちました。がんばり屋《や》で、夜遅《よるおそ》くまで働《はたら》くこともあり、その経験《けいけん》が「不可能《ふかのう》に思《おも》えることでも、あきらめなければできるんだ」という気持《きも》ちを育《そだ》てます。成績《せいせき》も優秀《ゆうしゅう》で、20歳《さい》のときにケニア政府《せいふ》に選《えら》ばれてアメリカの大学《だいがく》に留学《りゅうがく》することに。帰国後《きこくご》、イギリスから独立《どくりつ》したケニアの自然破壊《しぜんはかい》の姿《すがた》に呆然《ぼうぜん》とします。美《うつく》しい森林《しんりん》が伐採《ばっさい》され、外国《がいこく》に農産物《のうさくぶつ》を売《う》るために大農園《だいのうえん》になっていたのです。数年後《すうねんご》、彼女《かのじょ》が危惧《きぐ》していたことが的中《てきちゅう》。土砂崩《どしゃくず》れで川《かわ》がにごり、飲《の》み水《みず》が失《うしな》われ、草木《くさき》が枯《か》れて、牛《うし》の乳《ちち》も出《で》なくなりました。そのため、「木《き》を植《う》えて、森《もり》を取《と》り戻《もど》す」グリーンベルト運動《うんどう》を全国的《ぜんこくてき》に展開《てんかい》します。ノーベル平和賞《へいわしょう》を受賞《じゅしょう》した翌年《よくとし》、初来日《はつらいにち》。「モッタイナイ」の意味《いみ》がものを大事《だいじ》にする心《こころ》と知《し》り、紙袋《かみぶくろ》やビニール袋《ぶくろ》の替《か》わりに、「ふろしき」を使《つか》う知恵《ちえ》も教《おそ》わりました。それが自然《しぜん》を大切《たいせつ》にすることにつながると確信《かくしん》したのです。

いまこそ、あなたが思《おも》い描《えが》いた人生《じんせい》を生《い》きるときです。

ヘンリー・ジェイムズ、作家《さっか》、英《イギリス》（1843-1916）

はじまりは、いつも今日《きょう》です。

メアリ・ウルストンクラフト、作家《さっか》、英《イギリス》（1759-1797）

いつかできることは、すべて今日《きょう》でもできる。

ミシェル・ド・モンテーニュ、哲学者《てつがくしゃ》、仏《フランス》（1533-1592）

プライドだけは失《うしな》わない

神《かみ》がもし、
世界《せかい》でもっとも
不幸《ふこう》な人生《じんせい》を
用意《ようい》していた
としても、
私《わたし》はそれに
立《た》ち向《む》かう。

ルートヴィヒ・
ベートーヴェン
作曲家《さっきょくか》

この　ひと

地獄《じごく》のような幼少期《ようしょうき》を耐《た》え、才能《さいのう》を開花《かいか》、不屈《ふくつ》の生《い》き方《かた》を貫《つらぬ》いた

ルートヴィヒ・ベートーヴェン

作曲家《さっきょくか》・ピアニスト、ドイツ出身《しゅっしん》、1770-1827、祖父《そふ》は宮廷《きゅうてい》の楽長《がくちょう》

楽聖《がくせい》・ルートヴィヒ・ベートーヴェンは、声楽家《せいがくか》の父親《ちちおや》のもとに生《う》まれます。その父《ちち》は大酒飲《おおざけの》みで音楽家《おんがくか》としては、たち行《い》かず、祖父《そふ》に頼《たよ》る生活《せいかつ》でした。神童《しんどう》・モーツアルトの評判《ひょうばん》をきいた父親《ちちおや》は、才能《さいのう》のあったルートヴィヒに、スパルタ教育《きょういく》を開始《かいし》。それは虐待《ぎゃくたい》のようで、夜《よる》、よっぱらって子《こ》ども部屋《べや》にやってくる父親《ちちおや》の足音《あしおと》に、兄弟《きょうだい》たちは震《ふる》えながら身《み》を寄《よ》せ合《あ》っていました。その対象《たいしょう》となるのは彼《かれ》だけ。そんな地獄《じごく》のような環境《かんきょう》ながら、飛《と》び抜《ぬ》けた才能《さいのう》によって、しだいに知《し》られる存在《そんざい》になっていきました。ところが、20代後半《だいこうはん》には、難聴《なんちょう》をわずらい、音楽家《おんがくか》としての危機《きき》に直面《ちょくめん》。一旦《いったん》は、自殺《じさつ》を考《かんが》え、遺書《いしょ》まで用意《ようい》します。それでも音楽《おんがく》への情熱《じょうねつ》を断《た》ち切《き》れず、作曲家《さっきょくか》として極《きわ》めていきます。一方《いっぽう》で、おかしいと思《おも》ったことはがんとして譲《ゆず》らない性格《せいかく》。当時《とうじ》の音楽家《おんがくか》は社会的地位《しゃかいてきちい》が低《ひく》く、貴族《きぞく》の使用《しよう》人《にん》として、専用《せんよう》の出入《でい》り口《ぐち》を利用《りよう》するのですが、彼《かれ》は正面玄関《しょうめんげんかん》からしか入《はい》らない。音楽家《おんがくか》は貴族《きぞく》のパトロンを持《も》っていましたが、しばられるのはいやだと拒否《きょひ》。けっして卑屈《ひくつ》になることはありませんでした。

もし苦《くる》しみを経験《けいけん》しないで人生《じんせい》を生《い》きているというなら、あなたはまだ生《う》まれていないのです。

● ニール・サイモン、劇作家《げきさっか》、米《アメリカ》（1927-2018）

いつまでも続《つづ》く不幸《ふこう》というものはない、じっと我慢《がまん》するか、勇気《ゆうき》を出《だ》して追《お》い払《はら》うかのいずれかである。

● ロマン・ロラン、作家《さっか》、仏《フランス》（1866-1944）

生《い》きているだけで楽《たの》しいってことを、私《わたし》は忘《わす》れたことがないわ。

● キャサリン・ヘップバーン、女優《じょゆう》、米《アメリカ》（1907-2003）

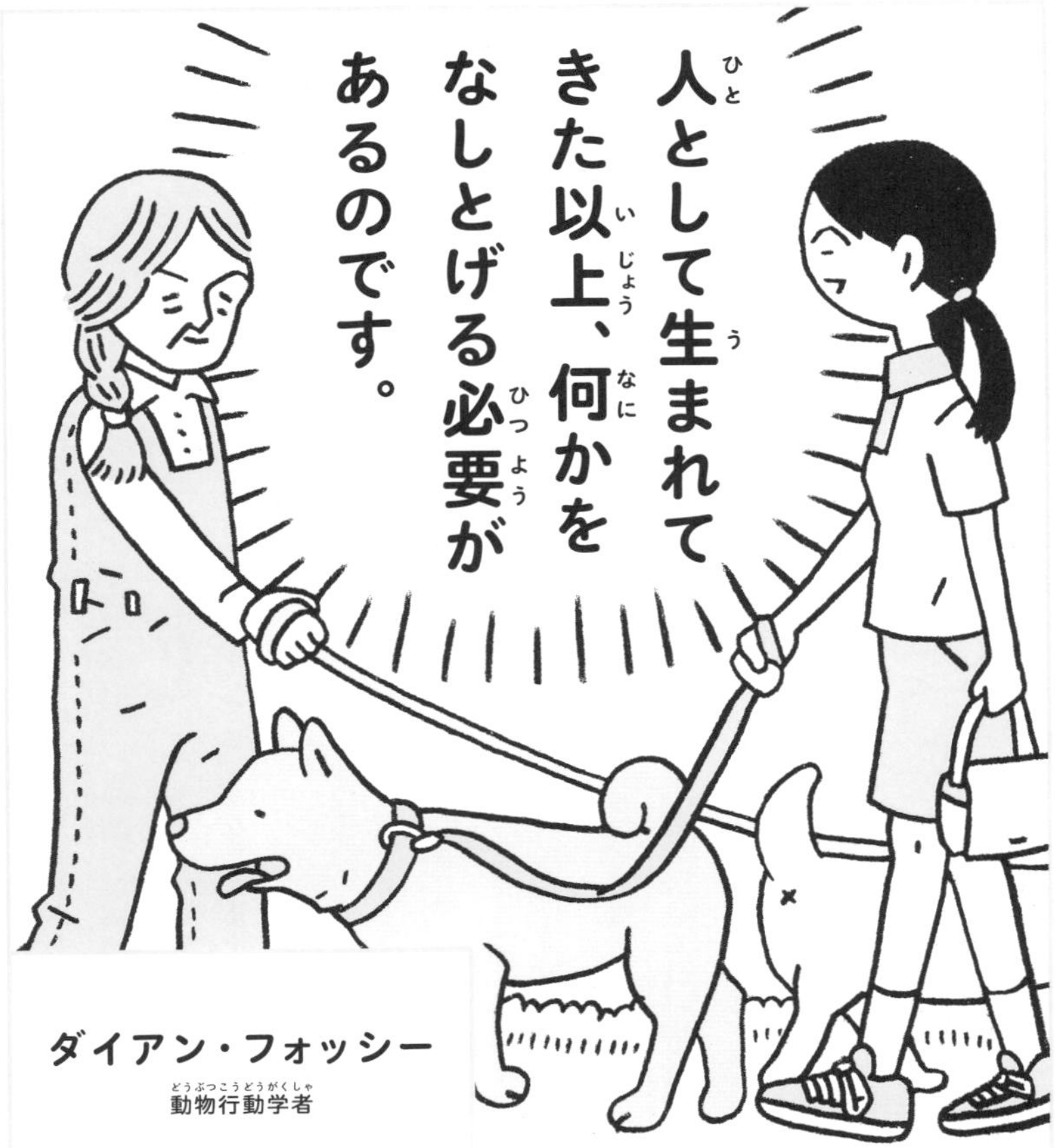

人《ひと》として生《う》まれてきた以上《いじょう》、何《なに》かをなしとげる必要《ひつよう》があるのです。

ダイアン・フォッシー
動物行動学者《どうぶつこうどうがくしゃ》

このひと

孤独《こどく》な少女時代《しょうじょじだい》を なぐさめてくれた動物《どうぶつ》に 一生《いっしょう》、愛《あい》を注《そそ》ぐ

ダイアン・フォッシー

動物行動学者《どうぶつこうどうがくしゃ》、米《アメリカ》カリフォルニア出身《しゅっしん》、1932-1985、継父《けいふ》は建築士《けんちくし》

マウンテンゴリラの生態《せいたい》を、近《ちか》くに住《す》み観察《かんさつ》した動物学者《どうぶつがくしゃ》、ダイアン・フォッシー。幼《おさな》いころに両親《りょうしん》が離婚《りこん》。継父《けいふ》とうまくいかず、家族《かぞく》の愛情《あいじょう》を知《し》らずに育《そだ》ちます。内《うち》気《き》な性格《せいかく》で友《とも》だちもできず、動物《どうぶつ》といるときだけが幸《しあわ》せでした。やがて、作業療法士《さぎょうりょうほうし》となり、休暇《きゅうか》でアフリカに旅行《りょこう》し、マウンテンゴリラに出会《であ》います。その後《ご》、調査《ちょうさ》・研究員《けんきゅういん》になる決断《けつだん》をして、現地《げんち》に派遣《はけん》されることに。ゴリラを観察《かんさつ》しはじめて、3年《ねん》たったある日《ひ》、ゴリラがそばによってきて、太《ふと》い指先《ゆびさき》で彼女《かのじょ》の手《て》にふれてきました。ついに仲間《なかま》と認《みと》めてくれたのです。彼女《かのじょ》の研究《けんきゅう》は、世界中《せかいじゅう》の動物学者《どうぶつがくしゃ》に評価《ひょうか》されますが、一方《いっぽう》で、お金《かね》のためにゴリラをねらう密猟者《みつりょうしゃ》があとをたちません。激《はげ》しい怒《いか》りを感《かん》じた彼女《かのじょ》は、森《もり》を見《み》まわり、ワナをはずし、密猟者《みつりょうしゃ》を警《けい》察《さつ》に通報《つうほう》。すると、今度《こんど》は親《した》しいオスゴリラを殺《ころ》され悲嘆《ひたん》にくれます。そんな悲惨《ひさん》な状況《じょうきょう》を、世界中《せかいじゅう》に広《ひろ》めて寄付金《きふきん》を集《あつ》め、彼《かれ》らを守《まも》る活動《かつどう》を強化《きょうか》しました。最期《さいご》は、何者《なにもの》かに殺害《さつがい》される悲劇《ひげき》に見舞《みま》われます。命《いのち》と引《ひ》き替《か》えに、ゴリラを必死《ひっし》に守《まも》った彼女《かのじょ》の意思《いし》は、その基金《ききん》によって引《ひ》き継《つ》がれています。

一人《ひとり》ひとりが重要《じゅうよう》であり、
それぞれに役割《やくわり》があり、
だれしもに
現実《げんじつ》を変《か》える力《ちから》がある。

ジェーン・グドール、
動物行動学者《どうぶつこうどうがくしゃ》、英《イギリス》（1934-）

未来《みらい》を語《かた》る前《まえ》に、いまの
現実《げんじつ》を知《し》らなければなら
ない。人《ひと》は現実《げんじつ》からしか
スタートできないから。

ピーター・ドラッカー、
経営学者《けいえいがくしゃ》、オーストリア
（1909-2005）

大変《たいへん》な仕事《しごと》だと思《おも》っても、
まずとりかかって
ごらんなさい。
仕事《しごと》に手《て》をつけた、
それで半分《はんぶん》の仕事《しごと》は
終《お》わってしまうのです。

アウソニウス、著述家《ちょじゅつか》、
ローマ帝国《ていこく》（310-393）

苦《くる》しいことからどう立《た》ち直《なお》るか

最強《さいきょう》の敵《てき》は、
自分自身《じぶんじしん》だ。

アベベ・ビキラ

マラソン選手《せんしゅ》

このひと

走《はし》ることが生《い》きること、裸足《はだし》で金《きん》メダルを獲得《かくとく》した

マラソンランナー

アベベ・ビキラ

マラソン選手《せんしゅ》、エチオピア出身《しゅっしん》、
1932-1973、父《ちち》は、貧《まず》しい小作農《こさくのう》

オリンピックの男子《だんし》マラソンで、裸足《はだし》で走《はし》った伝説《でんせつ》の選手《せんしゅ》、アベベ・ビキラ。裸足《はだし》で野原《のはら》や森《もり》を走《はし》りまわって育《そだ》ち、小学生《しょうがくせい》のときは家《いえ》から学校《がっこう》まで15キロの道《みち》を走《はし》って通《かよ》いました。「いつかオリンピックで外国《がいこく》の強《つよ》い選手《せんしゅ》と競走《きょうそう》したい」が彼《かれ》の夢《ゆめ》に。軍隊《ぐんたい》に入《はい》っても、訓練《くんれん》の合間《あいま》に走《はし》る彼《かれ》を、国《くに》の陸上《りくじょう》のコーチが注目《ちゅうもく》し、一緒《いっしょ》にオリンピックを目指《めざ》すことになりました。念願《ねんがん》のローマオリンピック直前《ちょくぜん》、ランニングシューズがやぶれてしまい、かわりのシューズが見《み》つかりません。「子《こ》どものころは裸足《はだし》で走《はし》っていた、裸足《はだし》でいい」。最初《さいしょ》、緊張《きんちょう》してこわばっていた体《からだ》もしだいにほぐれて、気《き》がつくと先頭《せんとう》を走《はし》っていました。そして、オリンピック新《しん》、世界最《せかいさい》高記録《こうきろく》で金《きん》メダルを獲得《かくとく》。次《つぎ》の東京《とうきょう》オリンピックでも優勝《ゆうしょう》し、男子《だんし》マラソンで初《はつ》の2連覇《れんぱ》を達成《たっせい》しました。その後《ご》、交通事故《こうつうじこ》にあって足《あし》が動《うご》かなくなる悲劇《ひげき》に見舞《みま》われ、嘆《なげ》き悲《かな》しむ彼《かれ》に、医師《いし》が障害者《しょうがいしゃ》スポーツを紹介《しょうかい》します。希《き》望《ぼう》を見出《みいだ》した彼《かれ》は、リハビリと練習《れんしゅう》に励《はげ》み、車《くるま》いす競走《きょうそう》とアーチェリーの試《し》合《あい》に参加《さんか》。また若手《わかて》にマラソンを教《おし》え、競技場建設《きょうぎじょうけんせつ》などに尽力《じんりょく》しました。

絶体絶命《ぜったいぜつめい》のときに出《で》る力《ちから》が本当《ほんとう》の力《ちから》なんだ。

本田宗一郎《ほんだそういちろう》、本田技研創業者《ほんだぎけんそうぎょうしゃ》
（1906-1991）

マイナスをプラスに変《か》えること。これは人間《にんげん》だけに許《ゆる》された能力《のうりょく》である。

アルフレッド・アドラー、心理学者《しんりがくしゃ》、オーストリア
（1870-1937）

ベストを尽《つ》くせばいい。それ以上《いじょう》のことなんて、誰《だれ》にもできはしないのだから。

アーノルド・トインビー、歴史学者《れきしがくしゃ》、英《イギリス》
（1889-1975）

自分《じぶん》に負《ま》けそうなとき

何《なに》もやる気《き》しねー…
自分《じぶん》をダメだと思《おも》えば、その時点《じてん》から自分《じぶん》はダメになる。
モハメド・アリ
元《もと》プロボクサー

このひと

絶対《ぜったい》に負《ま》けない！ 不屈《ふくつ》の魂《たましい》をもつ チャンピオン

モハメド・アリ

元《もと》プロボクサー、米出身《アメリカしゅっしん》、1942-2016、引退後《いんたいご》、パーキンソン病《びょう》の闘病生活《とうびょうせいかつ》を送《おく》る

伝《でん》説《せつ》のボクシング選手《せんしゅ》、モハメド・アリは、父親《ちちおや》から買《か》ってもらった自転車《じてんしゃ》を盗《ぬす》まれ警察《けいさつ》へ行《い》き、そのときの担当警官《たんとうけいかん》マーチンがボクシングを教《おし》えていたことから、その道《みち》へ進《すす》みます。「おれはチャンピオンになる」と言《い》いながら練習《れんしゅう》に没頭《ぼっとう》し、高校生《こうこうせい》で全米《ぜんべい》チャンピオンに。ローマオリンピックで金《きん》メダルをとります。その後《ご》、プロとしてヘビー級《きゅう》のベルトを獲得《かくとく》し、子《こ》どものころの夢《ゆめ》を実現《じつげん》しました。一方《いっぽう》で、当時《とうじ》まだ根強《ねづよ》かった黒人差別《こくじんさべつ》に反対《はんたい》し、ベトナム戦争《せんそう》をしていたアメリカの兵士《へいし》として戦場《せんじょう》に行《い》くことを拒否《きょひ》。法律《ほうりつ》に違反《いはん》したとして、タイトルを剥奪《はくだつ》され、試合出場停止《しあいしゅつじょうていし》になってしまったのです。けれども、アリはくじけず、裁判《さいばん》で争《あらそ》い、勝利《しょうり》しました。王座《おうざ》に返《かえ》り咲《ざ》くために、若《わか》いチャンピオンに挑戦《ちょうせん》。誰《だれ》もが負《ま》けるだろうと予想《よそう》した試合《しあい》に、見事《みごと》勝《か》ったのです。１９９６年《ねん》のアトランタオリンピックの際《さい》、パーキンソン病《びょう》にかかった彼《かれ》は、震《ふる》える体《からだ》で、聖火《せいか》を運《はこ》びました。病気《びょうき》になっても堂々《どうどう》とその使命《しめい》をまっとうする、彼《かれ》の不屈《ふくつ》の精神《せいしん》に、世界中《せかいじゅう》は拍手《はくしゅ》を送《おく》りました。

自分《じぶん》が無力《むりょく》だと考《かんが》えないかぎり、人《ひと》は誰《だれ》も無力《むりょく》ではない。

パール・バック、作家《さっか》、米《アメリカ》
（１８９２－１９７３）

目標《もくひょう》への近道《ちかみち》は、今日《きょう》すべきことを全力《ぜんりょく》でやること。

高橋尚子《たかはしなおこ》、元《もと》マラソン選手《せんしゅ》
（１９７２－）

チャンピオンとは、立《た》ち上《あ》がれないときに、立《た》ち上《あ》がる人間《にんげん》のことだ。

ジャック・デンプシー、元《もと》プロボクサー
（１８９５－１９８３）

笑《え》顔《がお》のためにがんばれる

人《ひと》の唇《くちびる》からもれる、ほほえみを自分《じぶん》の幸《しあわ》せと感《かん》じられる人間《にんげん》に、私《わたし》はなりたい。

アン・サリバン
家庭教師《かていきょうし》

この  ひと

自分《じぶん》の障害《しょうがい》を克服《こくふく》し、人《ひと》の障害《しょうがい》のために人生《じんせい》を捧《ささ》げた

アン・サリバン

家庭教師《かていきょうし》、米出身《アメリカしゅっしん》、1866-1936、農民《のうみん》の父《ちち》、母《はは》は逝去《せいきょ》、弟《おとうと》も結核《けっかく》で死亡《しぼう》

三《さん》重苦《じゅうく》を克服《こくふく》したヘレン・ケラーの家庭教師《かていきょうし》、アン・サリバン。彼女《かのじょ》は幼《おさな》いころの病気《びょうき》のため目《め》に障害《しょうがい》があり、母《はは》と弟《おとうと》を亡《な》くしてからは、孤児院《こじいん》で育《そだ》ちました。14歳《さい》で盲学校《もうがっこう》に入学《にゅうがく》し、勉学《べんがく》に励《はげ》み、その後《ご》、手術《しゅじゅつ》を受《う》けて文字《もじ》が読《よ》めるまでに視力《しりょく》が回復《かいふく》。ヘレン・ケラー家《け》に招《まね》かれたのは20歳《さい》のときでした。それまで野放《のばな》しにされたヘレンをしつけるのは並大抵《なみたいてい》のことではなく、また過去《かこ》に実例《じつれい》もありません。自分《じぶん》の思《おも》いどおりにいかないと暴《あば》れるヘレンに対《たい》して、厳《きび》しく忍耐強《にんたいづよ》く接《せっ》していきます。それは、まるで戦闘《せんとう》のようで、まわりはハラハラしどおしでした。家族《かぞく》の「少《すこ》し、厳《きび》しすぎでは？」という声《こえ》にも毅然《きぜん》と対応《たいおう》します。天涯孤独《てんがいこどく》のアンは、愛《あい》してやまなかった弟《おとうと》と同《おな》じ大切《たいせつ》な存在《そんざい》として、ヘレンと向《む》き合《あ》うのです。やがて、彼女《かのじょ》の献身《けんしん》と努力《どりょく》により、ヘレンは言葉《ことば》を話《はな》すようになり、知的探求《ちてきたんきゅう》に目覚《めざ》め、高等教育《こうとうきょういく》を受《う》けるために努力《どりょく》をし始《はじ》めます。アンは、つねにヘレンに寄《よ》りそい、ともに大学《だいがく》へ進学《しんがく》。福祉家《ふくしか》として活躍《かつやく》する彼女《かのじょ》を生涯《しょうがい》支《ささ》え続《つづ》けました。

人間《にんげん》がいちばんうれしいことはなんだろう？実《じつ》に単純《たんじゅん》なことです。人《ひと》は、人《ひと》を喜《よろこ》ばせることがいちばんうれしい。

● やなせたかし、漫画家《まんがか》（1919-2013）

愛《あい》する──それは、お互《たが》いに見《み》つめ合《あ》うことではなく、いっしょに同《おな》じ方向《ほうこう》を見《み》つめることです。

● サン・テグジュペリ、作家《さっか》、仏《フランス》（1900-1944）

愛《あい》とやさしさは、けっしてむだにはなりません。なぜなら、受《う》けとった人《ひと》を幸《しあわ》せにするし、与《あた》えた人《ひと》をも幸《しあわ》せにするのだから。

● バーバラ・デ・アンジェリス、心理学者《しんりがくしゃ》、米《アメリカ》（1951-）

好《す》きなことに熱中《ねっちゅう》する幸《しあわ》せ

ツックション！

ふぁ…

また1から進《すす》めればいい。

たしかに、人生《じんせい》とは容易《ようい》ではありません。私《わたし》たちには、それらを乗《の》り越《こ》える忍耐《にんたい》も能力《のうりょく》も備《そな》えているはずです。

マリー・キュリー
化学者《かがくしゃ》

このひと

厳《きび》しい道《みち》のりを研究《けんきゅう》に一心不乱《いっしんふらん》、科学《かがく》の発展《はってん》につくした人《ひと》

マリー・キュリー

物理学者《ぶつりがくしゃ》・化学者《かがくしゃ》、ポーランド出身《しゅっしん》、

1867-1934

女《じょ》性《せい》科学者《かがくしゃ》として燦然《さんぜん》と歴史《れきし》に輝《かがや》くマリー・キュリー。女性《じょせい》初《はつ》のノーベル賞受賞者《しょうじゅしょうしゃ》であり、２度《ど》受賞《じゅしょう》した最初《さいしょ》の人物《じんぶつ》。パリ大学《だいがく》初《はつ》の女性教授《じょせいきょうじゅ》です。しかし、その道《みち》は長《なが》く険《けわ》しいものでした。首席《しゅせき》で高校《こうこう》を卒業《そつぎょう》したにもかかわらず、当時《とうじ》ポーランドでは女性《じょせい》は大学《だいがく》に行《い》けません。そこで、医者志望《いしゃしぼう》の姉《あね》がフランスの大学《だいがく》に行《い》く間《あいだ》は家庭教師《かていきょうし》をして支《ささ》え、８年《ねん》後《ご》無事《ぶじ》に医者《いしゃ》になったあと、今度《こんど》は自分《じぶん》が大学《だいがく》に入学《にゅうがく》。研究《けんきゅう》に明《あ》け暮《く》れますが、貧《まず》しさは相変《あいか》わらずで、パンとお茶《ちゃ》だけで過《す》ごし、寒《さむ》さも服《ふく》を着《き》こんでしのぐ有様《ありさま》でした。あるとき、天才的《てんさいてき》な物理学者《ぶつりがくしゃ》ピエール・キュリーと出会《であ》い、結婚《けっこん》。子《こ》どもも生《う》まれ、ふたりで「ウラン鉱石《こうせき》」の研究《けんきゅう》を始《はじ》めます。何《なん》年《ねん》も実験《じっけん》を続《つづ》け、作業着《さぎょうぎ》や手《て》が薬品《やくひん》でボロボロになったのち、とうとう「ラジウム」を発見《はっけん》。がんなど病気《びょうき》に効《き》くので、「特許申請《とっきょしんせい》」をすすめる人《ひと》もいましたが、「科学《かがく》の精神《せいしん》に反《はん》する」といって拒否《きょひ》。夫《おっと》が交通事故《こうつうじこ》で亡《な》くなり、精神的《せいしんてき》にショックを受《う》けてもなお、立《た》ち直《なお》り研究《けんきゅう》を続《つづ》けます。当時《とうじ》の女性研究者《じょせいけんきゅうしゃ》への偏見《へんけん》をものともせずに、科学《かがく》への愛《あい》に一生《いっしょう》をささげたのです。

天分《てんぶん》は持《も》って生《う》まれるもの。才能《さいのう》は引《ひ》き出《だ》すものよ。

ココ・シャネル、デザイナー、仏《フランス》（1883-1971）

どんなに時間《じかん》がかかっても、そんなの問題《もんだい》じゃない。大切《たいせつ》なのは、目標《もくひょう》を持《も》つこと。

ユードラ・ウェルティ、作家《さっか》、米《アメリカ》（1909-2001）

前進《ぜんしん》し続《つづ》けられたのは、自分《じぶん》がやることを愛《あい》していたからだ。

スティーブ・ジョブズ、アップル創業者《そうぎょうしゃ》、米《アメリカ》（1955-2011）

I have

第
だい

6

章
しょう

これからの生《い》き方《かた》を変《か》える12の言《こと》葉《ば》

歌《うた》が勇気《ゆうき》をくれる

銃声《じゅうせい》のかわりに歌《うた》を聴《き》かせろ！

ハリー・ベラフォンテ

歌手《かしゅ》

この　ひと

世界《せかい》の悲惨《ひさん》な人々《ひとびと》に愛《あい》を届《とど》けたベテラン歌手《かしゅ》

ハリー・ベラフォンテ

歌手《かしゅ》・社会活動家《しゃかいかつどうか》、米《アメリカ》出身《しゅっしん》、1927-、
移民《いみん》の子《こ》として生《う》まれる

1984年《ねん》、飢饉《ききん》に見舞《みま》われたエチオピアの人々《ひとびと》が、やせ細《ほそ》り次々《つぎつぎ》に死《し》んでいく光景《こうけい》を、テレビで呆然《ぼうぜん》と観《み》ている男性《だんせい》がいました。「バナナ・ボート」などの多《おお》くのヒット曲《きょく》で知《し》られる歌手《かしゅ》のハリー・ベラフォンテです。衝撃《しょうげき》を受《う》けた彼《かれ》は「一部《いちぶ》の人《ひと》の強欲《ごうよく》と、私《わたし》をふくめた大勢《おおぜい》の無関心《むかんしん》で、こんな悲惨《ひさん》な事態《じたい》になってしまった。知《し》った以上《いじょう》、変《か》えなければいけない」と痛切《つうせつ》に思《おも》いました。イギリスではすでに援助《えんじょ》のために有名歌手《ゆうめいかしゅ》が集《あつ》まり、楽曲《がっきょく》を制作販売《せいさくはんばい》。その売上金《うりあげきん》を寄付《きふ》していました。「よしアメリカでも、アーティストに声《こえ》をかけよう」と、できたのが「USA《ユーエスエー》 FOR AFRICA《フォーアフリカ》」です。マイケル・ジャクソンやスティービー・ワンダーなどが集《あつ》まり、歌《うた》った曲《きょく》が「WE ARE THE WORLD《ウィアーザワールド》」。レコード会社《がいしゃ》の協力《きょうりょく》も得《え》て、出演料《しゅつえんりょう》もなし。その歌《うた》は世界中《せかいじゅう》で大《だい》ヒットし、160億円《おくえん》もの寄付金《きふきん》が集《あつ》まりました。その後《ご》、ハリーは、ユニセフ大使《たいし》としてアフリカの紛争地帯《ふんそうちたい》をまわりました。「アーティストたちに言《い》いたい。自分《じぶん》の喜《よろこ》びを最大限《さいだいげん》に追《お》い求《もと》め、力《ちから》を合《あ》わせれば、世界《せかい》を変《か》えられる」と。

**幸《しあわ》せは
香水《こうすい》のようなものです。
他人《たにん》にふりかけると
自分《じぶん》にも必《かなら》ずかかります。**

● ラルフ・エマーソン、哲学者《てつがくしゃ》、米《アメリカ》
（1803-1882）

**世界中《せかいじゅう》どこであろうと、
あなたを
必要《ひつよう》とする人《ひと》がいる。**

● アルベルト・シュバイツァー、医師《いし》・神学者《しんがくしゃ》、仏《フランス》
（1875-1965）

**人《ひと》のために明《あ》かりを
灯《とも》せば、自分《じぶん》の前《まえ》も
明《あか》るくなります。
人《ひと》のためにしたことは、
自分《じぶん》に返《かえ》ってくると
いうことです。**

● 黒柳徹子《くろやなぎてつこ》、女優《じょゆう》・タレント
（1933-）

ガンガンガンガンガッ
ガシャーーン
ああ
どうしよう、
最悪《さいあく》…
「助《たす》けて
ほしい」と
言《い》って来《き》た人《ひと》を
見捨《みす》てること
は、人《ひと》として
やっては
いけない
こと。
杉原千畝《すぎはらちうね》
外交官《がいこうかん》

誰《だれ》かを助《たす》ける「強《つよ》さ」

このひと

自分《じぶん》の仕事《しごと》をなげうって、人《ひと》の命《いのち》を救《すく》った外交官《がいこうかん》

杉原千畝《すぎはらちうね》

外交官《がいこうかん》、岐阜県美濃市出身《ぎふけんみのうししゅっしん》、1900-1986、父《ちち》は税務官吏《ぜいむかんし》

「命《いのち》のビザ」を発行《はっこう》し、6000人《にん》ものユダヤ人《じん》を救《すく》った外交官《がいこうかん》、杉原千畝《すぎはらちうね》。彼《かれ》は幼《おさな》いころから優秀《ゆうしゅう》で、語学《ごがく》を学《まな》ぶために早稲田《わせだ》大学《だいがく》へ進学《しんがく》。猛勉強《もうべんきょう》の末《すえ》に、外交官《がいこうかん》となり、東欧《とうおう》のリトアニアに赴任《ふにん》しました。戦争中《せんそうちゅう》のある日《ひ》、領事館《りょうじかん》の前《まえ》にポーランドから逃《に》げてきたユダヤ人《じん》が鈴《すず》なりになっています。ドイツ軍《ぐん》に捕《つか》まると収容所《しゅうようじょ》行《い》きになるため、日本《にほん》へのビザ発給《はっきゅう》を求《もと》めていたのです。杉原《すぎはら》は外務省《がいむしょう》に判断《はんだん》を仰《あお》ぎますが、答《こた》えは「NO《ノー》」。命令《めいれい》にそむいてビザを発給《はっきゅう》すれば解雇《かいこ》されるだろう。それどころか、自分《じぶん》や家族《かぞく》も危険《きけん》にさらされるかもしれない……。苦悩《くのう》のすえに、独断《どくだん》でビザを発給《はっきゅう》することを決意《けつい》。妻《つま》も「私《わたし》たちがどうなるかわかりませんが、そうしてあげてください」と賛同《さんどう》します。すぐに、寝《ね》る間《ま》も惜《お》しんでビザを書《か》きはじめます。当時《とうじ》は、長文《ちょうぶん》を手書《てが》きする必要《ひつよう》があり、腕《うで》が腫《は》れ上《あ》がったとか。ぎりぎりまで退去命令《たいきょめいれい》を回避《かいひ》し、ベルリンへ発《た》つ直前《ちょくぜん》、汽車《きしゃ》が走《はし》り出《だ》すまで書《か》き続《つづ》けました。その後《ご》、外務省《がいむしょう》から訓令《くんれい》にそむいたとして解雇《かいこ》され、正式《せいしき》に名誉回復《めいよかいふく》をされたのは、彼《かれ》の死後《しご》14年《ねん》たってからのことでした。

正《ただ》しいことをしているのなら、決《け》して恐《おそ》れてはなりません。

ローザ・パークス、人権活動家《じんけんかつどうか》、米《アメリカ》（1913-2005）

人生《じんせい》の目的《もくてき》は、世《よ》のためにつくすこと。思《おも》いやりと人《ひと》を助《たす》ける意志《いし》を示《しめ》すことである。

アルベルト・シュバイツァー、医師《いし》・神学者《しんがくしゃ》、仏《フランス》（1875-1965）

人《ひと》の生《い》きるのを助《たす》け、自分自身《じぶんじしん》の生《い》きるのを助《たす》けること。これこそ真《しん》の思《おも》いやりである。

アラン、哲学者《てつがくしゃ》、仏《フランス》（1868-1951）

「いつもどおりの毎《まい》日《にち》」はすばらしい

快《こころよ》いものを手《て》に入《い》れ、
不《ふ》快《かい》なものをさける
ことがあまりに
いきすぎると、
人《にん》間《げん》にとって
危《き》険《けん》なことだ。

コンラート・
ローレンツ
動物行動学者《どうぶつこうどうがくしゃ》

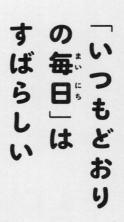

この ひと

動物《どうぶつ》たちとの生活《せいかつ》で、何《なに》が大切《たいせつ》かを証明《しょうめい》した学者《がくしゃ》

コンラート・ローレンツ

動物行動学者《どうぶつこうどうがくしゃ》、オーストリア出身《しゅっしん》、1903-1989、名家《めいか》の出身《しゅっしん》

コンラート・ローレンツは、父《ちち》親《おや》が有名《ゆうめい》な外科医《がいかい》で、お城《しろ》のような家《いえ》で生《う》まれました。まわりは美《うつく》しい森《もり》にかこまれ、川《かわ》が流《なが》れている。そんな環境《かんきょう》で、彼《かれ》は生《い》き物《もの》をつかまえては飼育《しいく》して暮《く》らしていました。父親《ちちおや》の希望《きぼう》で医学《いがく》の道《みち》に進《すす》みますが、生活《せいかつ》は相変《あいか》わらず。あるとき、卵《たまご》からかえったばかりの鳥《とり》の一種《いっしゅ》、ハイイロガンのひなが、生《う》まれてからある期間内《きかんない》に目《め》の前《まえ》の動《うご》くものを見《み》て、それを自分《じぶん》の親《おや》だと思《おも》ってしまう行動《こうどう》に気《き》づきました。これは「刷《す》りこみ」と呼《よ》ばれ、のちにノーベル生理学《せいりがく》・医学《いがく》賞《しょう》を受賞《じゅしょう》する発見《はっけん》となりました。彼《かれ》を親《おや》と思《おも》いこんだ鳥《とり》たちは、いつも彼《かれ》のあとをついて歩《ある》きます。おおいなる自然《しぜん》とそこに生《い》きるものたちの習性《しゅうせい》に感《かん》動《どう》した彼《かれ》は、動物《どうぶつ》の本能《ほんのう》や攻撃性《こうげきせい》についての研究《けんきゅう》に没頭《ぼっとう》します。人間《にんげん》の行動《こうどう》についても研究《けんきゅう》し「人《ひと》は自然《しぜん》から離《はな》れて、人工的《じんこうてき》なものに囲《かこ》まれたところに暮《く》らすと、競争《きょうそう》や浪費《ろうひ》が増《ふ》えて、感《かん》じる心《こころ》が弱《よわ》まり自滅《じめつ》してしまう」と忠告《ちゅうこく》しています。人間《にんげん》も自然《しぜん》の一部《いちぶ》。ふと目《め》を向《む》けるとそこにある自然《しぜん》、動物《どうぶつ》たちの存在《そんざい》が、人《ひと》の心《こころ》を豊《ゆた》かにすることを、彼《かれ》は教《おし》えてくれたのです。

自然《しぜん》に寄《よ》りそい、自然《しぜん》と調和《ちょうわ》したとき、かぎりない可能性《かのうせい》が生《う》まれる。

● ジャック・マイヨール、ダイバー、仏《フランス》（1927-2001）

自然《しぜん》はつねに教育《きょういく》よりも一層大《いっそうおお》きな力《ちから》を持《も》っていた。

● ヴォルテール、哲学者《てつがくしゃ》、仏《フランス》（1694-1778）

自然《しぜん》は教師《きょうし》なり。自然《しぜん》をながめて学《まな》び、自然《しぜん》に即《そく》して考《かんが》える。

● 山岡鉄舟《やまおかてっしゅう》、政治家《せいじか》・思想家《しそうか》（1836-1888）

自分《じぶん》の目《め》で見《み》たことだけを信《しん》じる
MARKET
カレーの一番《いちばん》の隠《かく》し味《あじ》は、チョコなんだよ
マジ？
?
教科書《きょうかしょ》に書《か》いてあることを信《しん》じない。
わさび
チョコ
しょうゆ
トマトケチャップ
焼肉のタレ
本庶《ほんじょ》 佑《たすく》
医学者《いがくしゃ》

この  ひと

好奇心《こうきしん》をもち
自分《じぶん》の目《め》で
見《み》たことだけを
信《しん》じた研究者《けんきゅうしゃ》

本庶《ほんじょ》 佑《たすく》

医学者《いがくしゃ》、京都府出身《きょうとふしゅっしん》、
1942-、父《ちち》が医者《いしゃ》

日《に》本人《ほんじん》のふたりにひとりはかかるといわれるがん。なかには進行《しんこう》して治《なお》りづらいものもあり、現《げん》在《ざい》、さまざまな新薬《しんやく》が開発《かいはつ》されています。そのなかで末期《まっき》がん患者《かんじゃ》の光《ひかり》となったのが、人間《にんげん》の免疫《めんえき》そのものに作用《さよう》し、がんを攻撃《こうげき》する免疫療法薬《めんえきりょうほうやく》オプジーボ。この画期的治療薬《かっきてきちりょうやく》につながる「PD《ピーディー》-1」を発見《はっけん》したのが、ノーベル生理学医学賞《せいりがくいがくしょう》を受賞《じゅしょう》した本庶佑《ほんじょたすく》教授《きょうじゅ》です。小学生《しょうがくせい》のとき、天文学者《てんもんがくしゃ》を希望《きぼう》していた彼《かれ》は、臨床医《りんしょうい》だった父親《ちちおや》の影響《えいきょう》もあり、京都大学医学部《きょうとだいがくいがくぶ》に進学《しんがく》。彼《かれ》が選択《せんたく》した基礎科学研究《きそかがくけんきゅう》は、医学《いがく》や科学《かがく》の分野《ぶんや》にとって必要不可欠《ひつようふかけつ》なもの。ただ、時間《じかん》や労力《ろうりょく》がかかり、すぐに成果《せいか》に結《むす》びつかないものも多《おお》く忍耐《にんたい》が要求《ようきゅう》されます。それでも、研究者《けんきゅうしゃ》を志《こころざ》す子《こ》どもたちに、「好奇心《こうきしん》を持《も》ち、あきらめないで、自分《じぶん》の目《め》で確信《かくしん》できるまでやって」とエールを送《おく》ります。「論文《ろんぶん》にはまちがいも多《おお》く、簡単《かんたん》に信《しん》じてはいけない」とも。ゴルフ場《じょう》で、「肺《はい》がんで、『最後《さいご》のラウンド』と思《おも》っていたのがよくなった、あなたのおかげ」と声《こえ》をかけられたのが何《なに》よりもうれしいと話《はな》しています。

うたがうことは、発明《はつめい》の父《ちち》である。
● ガリレオ・ガリレイ、科学者《かがくしゃ》、伊《イタリア》
（1564-1642）

見《み》ることは、知《し》ることだ。
● アンリ・ファーブル、仏《フランス》、博物学者《はくぶつがくしゃ》
（1823-1915）

自身《じしん》で経験《けいけん》するまでは、何事《なにごと》も本物《ほんもの》ではない。多《おお》くの人《ひと》が知《し》っている「ことわざ」であっても同《おな》じことだ。
● ジョン・キーツ、詩人《しじん》、英《イギリス》
（1795-1821）

部屋《へや》がちらかっているきみへ

そろそろ片付《かたづ》けるか…

ときめくモノを残《のこ》し、ときめかないモノを手放《てばな》すことで、自分《じぶん》が好《す》きになれる。
ときめかない
ときめく

近藤麻理恵《こんどうまりえ》
整理整頓収納《せいりせいとんしゅうのう》アドバイザー

このひと

片付《かたづ》けは、
自分《じぶん》にとって大事《だいじ》なこと、
必要《ひつよう》なものを
教《おし》えてくれる

近藤麻理恵《こうどうまりえ》

整理《せいり》整頓収納《せいとんしゅうのう》アドバイザー、東京都《とうきょうと》出身《しゅっしん》、1984-、現在《げんざい》は米《アメリカ》カリフォルニア在住《ざいじゅう》

アメリカで、いま人気番組《にんきばんぐみ》のひとつ『KonMari《コンマリ》』。片付《かたづ》けコンサルタントの近藤麻理恵《こんどうまりえ》が、片付《かたづ》けに悩《なや》む家庭《かてい》を訪問《ほうもん》し、その方法《ほうほう》を指南《しなん》する番組《ばんぐみ》です。この番組《ぐみ》が大《だい》ヒットし、「片付《かたづ》ける」ことを「KonMari《コンマリ》」という造語《ぞうご》が生《う》まれたほど。5歳《さい》から主婦雑誌《しゅふざっし》を愛読《あいどく》するなど家事《かじ》や片付《かたづ》けに関心《かんしん》を持《も》ち、中学《ちゅうがく》のときには、本《ほん》を読《よ》んで本格的《ほんかくてき》に片付《かたづ》けを研究《けんきゅう》します。大学《だいがく》に入《はい》ると、片付《かたづ》けのコンサルタントの仕事《しごと》を開始《かいし》。卒業後《そつぎょうご》、いったん就職《しゅうしょく》するも、独立《どくりつ》して業務《ぎょうむ》を拡大《かくだい》し、2011年《ねん》『人生《じんせい》がときめく片《かた》づけの魔法《まほう》』を出版《しゅっぱん》。2014年《ねん》にアメリカで翻訳出版《ほんやくしゅっぱん》され、ベストセラーに。いまや世界《せかい》40か国以上《こくいじょう》で翻訳《ほんやく》され、各国《かっこく》からビジネスの依頼《いらい》を受《う》けています。彼女《かのじょ》の片付《かたづ》けの特徴《とくちょう》は、モノを捨《す》てるのではなく「ときめくモノ」を残《のこ》す手法《しゅほう》。これを「スパークジョイ」と英訳《えいやく》し、捨《す》てるものには、手《て》を合《あ》わせ感謝《かんしゃ》する。こうして、身《み》のまわりが整《ととの》うことで、時《とき》に心《こころ》が癒《い》やされたり、決断力《けつだんりょく》がついたりと人生《じんせい》が前向《まえむ》きに好転《こうてん》していくといいます。彼女《かのじょ》は「世界中《せかいじゅう》を片付《かたづ》けたい」という夢《ゆめ》に向《む》かって邁進《まいしん》しています。

役《やく》に立《た》たないもの、
美《うつく》しいと思《おも》わないものを
家《いえ》においてはならない。

● ウィリアム・モリス、デザイナー・詩人《しじん》、英《イギリス》（1834-1896）

家《いえ》の中《なか》を
整理《せいり》することは、
自分自身《じぶんじしん》を
整理《せいり》すること。

● カレン・キングストン、作家《さっか》、英《イギリス》

掃除《そうじ》は、
〝執着《しゅうちゃく》〟を手放《てばな》す
修行《しゅぎょう》のひとつです。

● 金原東英《かねはらとうえい》、住職《じゅうしょく》

友《とも》だちがまちがっている、と思《おも》ったら

このひと

自分《じぶん》がおかしいと思《おも》うことには従《したが》わない、その強《つよ》さが人生《じんせい》を支《ささ》える

武田信玄《たけだしんげん》

戦国時代《せんごくじだい》の武将《ぶしょう》・大名《だいみょう》、甲斐国出身《かいのくにしゅっしん》、
1521-1573、武田家《たけだけ》の嫡男《ちゃくなん》

戦《せん》国時代《ごくじだい》、風林火山《ふうりんかざん》の軍旗《ぐんき》で有《ゆう》名《めい》な武田信玄《たけだしんげん》は、幼名《おさなな》が太《た》郎《ろう》。当時《とうじ》、父《ちち》の信虎《のぶとら》は領地獲得《りょうちかくとく》のために戦《いくさ》ばかりしていました。太郎《たろう》は跡継《あとつ》ぎでしたが、父《ちち》はなぜか弟《おとうと》の次《じ》郎《ろう》ばかりをかわいがります。ある日《ひ》、信虎《のぶとら》は、罪人《ざいにん》を面前《めんぜん》に連《つ》れてこさせました。そして、まず次郎《じろう》に刀《かたな》を渡《わた》し、「次郎《じろう》、切《き》れ！」と命令《めいれい》。言《い》われたとおり、次郎《じろう》は罪人《ざいにん》を切《き》って捨《す》てました。「ほう、見事《みごと》だ。では、次《つぎ》はお前《まえ》の番《ばん》だ」と刀《かたな》を渡《わた》されたのですが、太郎《たろう》は縄《なわ》でしばられて動《うご》けずおびえている罪人《ざいにん》を見《み》ると、とても切《き》ることができません。刀《かたな》を抜《ぬ》いてみたものの、手《て》が震《ふる》え、ひたいには汗《あせ》が流《なが》れおちます。父《ちち》親《おや》は「動《うご》かぬやつも切《き》れぬとは、どうしようもないやつだ」としかると、次《じ》郎《ろう》だけを連《つ》れて屋敷《やしき》に戻《もど》ってしまいました。ひとりの重臣《じゅうしん》がその様子《ようす》を見《み》て、「さすが、太郎様《たろうさま》。動《うご》かない者《もの》を切《き》るのは武士《ぶし》として恥《は》ずかしいこと。このお方《かた》は、きっとお家《いえ》のために力《ちから》を発揮《はっき》されるだろう」と確信《かくしん》しました。たとえ父親《ちちおや》の命令《めいれい》であっても、おかしいと思《おも》うことは従《したが》わない。重臣《じゅうしん》の予想《よそう》どおり、太郎《たろう》は巧《たく》みな戦術《せんじゅつ》で領土《りょうど》を広《ひろ》げ、その名《な》を轟《とどろ》かす武将《ぶしょう》になったのです。

きっぱり「ノー」と言《い》えることが、人生《じんせい》を楽《らく》にしてくれる。

● 大島渚《おおしまなぎさ》、映画監督《えいがかんとく》（1932-2013）

自分《じぶん》を信用《しんよう》している者《もの》は、人《ひと》からも信用《しんよう》される。

● グレアム・グリーン、作家《さっか》、英《イギリス》（1904-1991）

他人《たにん》が何《なに》か言《い》ってきても、重要《じゅうよう》なことでなければ「勝手《かって》にしやがれ」と言《い》うことにした。

● マイルス・デイビス、ジャズトランペット奏者《そうしゃ》、米《アメリカ》（1926-1991）

成功《せいこう》するために必要《ひつよう》な5つのこと

このひと

貧困層《ひんこんそう》から史上《しじょう》2番目《ばんめ》の大富豪《だいふごう》へ、晩年《ばんねん》は富《とみ》の分配《ぶんぱい》に尽《つ》くした鋼鉄王《てっこうおう》

アンドリュー・カーネギー

実業家《じつぎょうか》・慈善活動家《じぜんかつどうか》、英《イギリス》スコットランド出身《しゅっしん》、1835-1919

ロックフェラーに次《つ》ぐ、世界《せかい》で2番目《ばんめ》の金持《かねも》ちと言《い》われていたアンドリュー・カーネギー。父親《ちちおや》は貧《まず》しいはた織《お》り職人《しょくにん》で、スコットランドから13歳《さい》でアメリカに。小《ちい》さいころから頭《あたま》の回転《かいてん》が速《はや》く、行動力《こうどうりょく》もあった彼《かれ》は、綿織《めんおり》工場《こうじょう》、電報局《でんぽうきょく》などで働《はたら》き、頭角《とうかく》を現《あらわ》します。当時《とうじ》、アメリカは鉄道《てつどう》や橋《はし》などインフラを整備《せいび》しており、鉄《てつ》の需要《じゅよう》が飛躍的《ひやくてき》に伸《の》びていました。そこに目《め》をつけて会社《かいしゃ》を設立《せつりつ》。1899年《ねん》までにはアメリカの鉄鋼《てっこう》生産《せいさん》の25%を占《し》める鉄鋼王《てっこうおう》に。反面《はんめん》、お金《かね》をひとりじめするのをよしとせず、引退《いんたい》してからは慈善事業《じぜんじぎょう》に精《せい》を出《だ》します。「裕福《ゆうふく》な人《ひと》は、その富《とみ》を浪費《ろうひ》するよりも、社会《しゃかい》がより豊《ゆた》かになるために使《つか》うべきだ」の言葉《ことば》どおり、膨大《ぼうだい》な寄《き》付《ふ》をしています。そのひとつが図書館《としょかん》の寄贈《きぞう》。彼《かれ》は、子《こ》どものころから本《ほん》を読《よ》むのが大好《だいす》きでしたが、貧《まず》しくて買《か》うことができなかった経験《けいけん》から、図《と》書《しょ》館《かん》がない地域《ちいき》に創設《そうせつ》資金《しきん》を提供《ていきょう》します。「世《よ》の中《なか》にお返《かえ》しをする」のが金《かね》持《も》ちの義務《ぎむ》として、忠実《ちゅうじつ》に実行《じっこう》しました。ただ、「お金《かね》」だけを求《もと》める人《ひと》には厳《きび》しく、目的《もくてき》や運営《うんえい》に熱意《ねつい》がある人《ひと》を優先《ゆうせん》したそうです。

いかなる教育《きょういく》も、逆境《ぎゃっきょう》から学《まな》べるものにはかないません。

●ベンジャミン・ディズレーリ、政治家《せいじか》、英《イギリス》（1804-1881）

人間《にんげん》はもっとも多《おお》くの人間《にんげん》を喜《よろこ》ばせたものが、もっとも大《おお》きく栄《さか》えるもの。

●徳川家康《とくがわいえやす》、江戸幕府《えどばくふ》始祖《しそ》（1543-1616）

好《す》きなことはたくさんあっていい

客観的《きゃっかんてき》な事実《じじつ》など存在《そんざい》しない。
あるのは自分《じぶん》の目《め》を通《とお》して見《み》た事実《じじつ》だけである。

ヴェルナー・ハイゼンベルク
物理学者《ぶつりがくしゃ》

この　ひと

違《ちが》う分野《ぶんや》の音楽《おんがく》の世界《せかい》が、専門《せんもん》の物理学《ぶつりがく》にもいい影響《えいきょう》を与《あた》えてくれた

ヴェルナー・ハイゼンベルク

物理学者《ぶつりがくしゃ》、独出身《ドイツしゅっしん》、1901-1976

ヴェルナー・ハイゼンベルクは、量子力学《りょうしりきがく》で「不確定性原理《ふかくていせいげんり》」を説《と》き、ノーベル賞《しょう》を受賞《じゅしょう》した、アインシュタインと並《なら》ぶ物理学者《ぶつりがくしゃ》です。小《ちい》さいころから大学教授《だいがくきょうじゅ》だった父親《ちちおや》のすすめで、ピアノを習《なら》っていた彼《かれ》は、音楽《おんがく》が大好《だいす》きでした。学校《がっこう》から帰宅《きたく》すると、勉強《べんきょう》は短時間《たんじかん》で集中《しゅうちゅう》して終《お》わらせて、すぐにピアノに向《む》かう。大人《おとな》になっても、その習慣《しゅうかん》は変《か》わらなかったそうです。ライプチヒ大学《だいがく》に教授《きょうじゅ》として赴任《ふにん》したとき、研究所内《けんきゅうじょない》の自分《じぶん》の部屋《へや》にピアノを持《も》ちこんだとか。ピアノは、彼《かれ》に唯一無二《ゆいいつむに》の出会《であ》いをもたらしました。若《わか》くて美《うつく》しい妻《つま》です。コンサートで三重奏《さんじゅうそう》の演奏《えんそう》をしていたときに、向《む》かいのピアノを弾《ひ》く彼女《かのじょ》と目《め》が合《あ》ったのです。まさに運命《うんめい》の瞬間《しゅんかん》でした。人生《じんせい》に影響《えいきょう》を与《あた》え続《つづ》けたものは、「クラシック音楽《おんがく》だ」とのちに語《かた》っています。自分《じぶん》の専門分野《せんもんぶんや》とは違《ちが》うもの、あるいは得意《とくい》な分野《ぶんや》とは違《ちが》うものに目《め》を向《む》けてみる。たとえば、生活《せいかつ》を豊《ゆた》かにする音楽《おんがく》、絵画《かいが》、彫刻《ちょうこく》、クラフト、芸能《げいのう》などにふれる機会《きかい》は、自分《じぶん》のなかにある違《ちが》ったチャンネルの扉《とびら》が開《ひら》かれ、思《おも》わぬ展開《てんかい》が待《ま》っているかもしれません。

経験《けいけん》こそ、りっぱな先生《せんせい》だ。

レオナルド・ダ・ヴィンチ、芸術家《げいじゅつか》、伊《イタリア》（1452-1519）

趣味《しゅみ》は幸福《こうふく》を担《にな》う。多《おお》くの副産物《ふくさんぶつ》を生《う》み出《だ》してくれます。

ジョセフ・マーフィー、宗教家《しゅうきょうか》、著述家《ちょじゅつか》、米《アメリカ》（1898-1981）

音楽《おんがく》は私《わたし》の避難所《ひなんじょ》だった。音符《おんぷ》と音符《おんぷ》の隙間《すきま》に入《はい》りこみ、孤独《こどく》に背中《せなか》を丸《まる》めることができた。

マヤ・アンジェロウ、詩人《しじん》・作家《さっか》、米《アメリカ》（1928-2014）

伝《つた》えたいことがあるなら

ギャー!!
でっかい蛾《が》が!!
ヤダー!殺《ころ》して!
ムリー!!
わたしたちは、自然《しぜん》の一部《いちぶ》として
その世界《せかい》で暮《く》らし、
他《ほか》の生物《せいぶつ》と調和《ちょうわ》して
暮《く》らしていかなく
てはならない。

ジョイ・アダムソン
作家《さっか》

この　ひと

野生動物《やせいどうぶつ》の実態《じったい》を知《し》らしめ、共存《きょうぞん》することの大切《たいせつ》さを訴《うった》えた

ジョイ・アダムソン

作家《さっか》・芸術家《げいじゅつか》、オーストリア出身《しゅっしん》、1910-1980、裕福《ゆうふく》な家庭《かてい》、3姉妹《しまい》の次女《じじょ》

『野《や》生《せい》のエルザ』の作家《さっか》ジョイ・アダムソン。夫《おっと》はケニアの狩猟《しゅりょう》監視官《かんしかん》で、動物《どうぶつ》や自然《しぜん》を管理《かんり》する仕事《しごと》をしていました。ある日《ひ》、撃《う》たれて死《し》んだメスライオンのそばにいた3頭《とう》の赤《あか》ちゃんを、つれて帰《かえ》りました。彼女《かのじょ》はミルクを与《あた》え、排泄《はいせつ》の世話《せわ》をし、一生懸命《いっしょうけんめい》育《そだ》てました。少《すこ》し成長《せいちょう》すると、2頭《とう》は動物園《どうぶつえん》に引《ひ》きとられ、1番《ばん》小《ちい》さな子《こ》を手元《てもと》に残《のこ》すことに。それがエルザです。ふたりはかわいがって育《そだ》てましたが、「ペットにしてはいけない」と、少《すこ》しずつ自然《しぜん》に返《かえ》す訓練《くんれん》を始《はじ》めます。すっかり大人《おとな》になったエルザが自然《しぜん》に帰《かえ》るときがきました。つらい気持《きも》ちをこらえ、送《おく》り出《だ》します。数《すう》か月後《げつご》に、なんとエルザが赤《あか》ちゃんを連《つ》れて遊《あそ》びに来《き》ました。すっかり野生《やせい》にもどっていたのです。エルザとの交流《こうりゅう》を描《えが》いた本《ほん》は大《だい》ヒット。野生動物《やせいどうぶつ》が住《す》む場所《ばしょ》が少《すく》なくなっていること、密猟者《みつりょうしゃ》が動物《どうぶつ》を殺《ころ》して商売《しょうばい》していることなどにもふれており、その危機的状況《ききてきじょうきょう》を世界《せかい》に知《し》らしめることになりました。その後《ご》、本《ほん》は映画化《えいがか》され、世界中《せかいじゅう》を講演《こうえん》で飛《と》びまわることに。そのお金《かね》で「エルザ野生動物基金《やせいどうぶつききん》」をつくり、保護《ほご》のために尽力《じんりょく》しました。

ぼくたちは、
かけがえのない地球《ちきゅう》に
「同乗《どうじょう》」している
仲間《なかま》です。

● 手塚治虫《てづかおさむ》、漫画家《まんがか》
（1928-1989）

人間《にんげん》が完全《かんぜん》に自然《しぜん》から
離《はな》れることはない。
あくまでも
人間《にんげん》は自然《しぜん》の一部《いちぶ》だ。

● エーリッヒ・フロム、
心理学者《しんりがくしゃ》、独《ドイツ》
（1900-1980）

自然《しぜん》のなかには、
ぼくの愛《あい》に値《あたい》しない
ものは、何《なに》もない。
一人《ひとり》の人間《にんげん》も、一本《いっぽん》の木《き》も。

● ロマン・ロラン、作家《さっか》、仏《フランス》
（1866-1944）

できないことから逃《に》げだしたいとき

自分《じぶん》の価値観《かちかん》で
人《ひと》を責《せ》めない。
ひとつの失敗《しっぱい》で
すべて否定《ひてい》しない。
長所《ちょうしょ》を見《み》て
短所《たんしょ》を見《み》ない。
心《こころ》を見《み》て
結果《けっか》を見《み》ない。
そうすれば
人《ひと》は必《かなら》ず
集《あつ》まってくる。

吉田松陰《よしだしょういん》
思想家《しそうか》

この  ひと

逆境《ぎゃっきょう》を苦手《にがて》克服《こくふく》の時間《じかん》として使《つか》い、学問《がくもん》を究《きわ》めた人《ひと》

吉田松陰《よしだしょういん》

教育者《きょういくしゃ》・思想家《しそうか》、長州藩出身《ちょうしゅうはんしゅっしん》、
1830-1859、武家《ぶけ》の次男《じなん》

明《めい》治維新《じいしん》でおおいに活躍《かつやく》した人《ひと》を育《そだ》てた松下村塾《しょうかそんじゅく》の塾長《じゅくちょう》、吉《よし》田松陰《だしょういん》。彼《かれ》は、下級武士《かきゅうぶし》の貧《まず》しい家《いえ》の出身《しゅっしん》でしたが、5歳《さい》で学者《がくしゃ》の家柄《いえがら》である吉田家《よしだけ》の当主《とうしゅ》になり、厳《きび》しい教育《きょういく》を受《う》けます。本《ほん》を持《も》つ手《て》が少《すこ》し下《さ》がっているだけで、叩《たた》かれる毎日《まいにち》。8歳《さい》で藩《はん》の教師《きょうし》の見習《みなら》いに。その秀才《しゅうさい》ぶりは藩主《はんしゅ》の耳《みみ》に届《とど》くほどでした。青年《せいねん》になって、当時《とうじ》の日本《にほん》がおかれた状《じょう》況《きょう》を確認《かくにん》するために、旅《たび》に出《で》ます。長崎《ながさき》で海外《かいがい》の情報《じょうほう》を集《あつ》めたり、オランダ船《せん》に乗《の》ったりして、西洋文化《せいようぶんか》の質《しつ》の高《たか》さに驚愕《きょうがく》。その後《ご》、江戸《えど》で暮《く》らし始《はじ》めてから、沿岸《えんがん》の調査《ちょうさ》に出《で》かけて、兵学者《へいがくしゃ》として知識《ちしき》を深《ふか》めていきます。あるとき、津軽海峡《つがるかいきょう》に現《あらわ》れたロシア船《せん》に砲撃《ほうげき》された事件《じけん》を知《し》って、東北《とうほく》に行《い》くことになりました。急《いそ》ぐあまり、藩主《はんしゅ》の許可《きょか》をとる前《まえ》に現地《げんち》に向《む》かい、謹慎処《きんしんしょ》分《ぶん》になります。東北《とうほく》への旅《たび》で、日本《にほん》の歴史《れきし》に弱《よわ》いと思《おも》った彼《かれ》は、謹慎《きんしん》をこれ幸《さいわ》いとばかりに、歴史書《れきししょ》を学《まな》ぶことに。外国《がいこく》との関係《かんけい》を築《きず》くためには、その知識《ちしき》を得《え》るだけでなく、自分《じぶん》の国《くに》との違《ちが》いを知《し》ることが大事《だいじ》。そのためには、自分《じぶん》の国《くに》を知《し》り、理解《りかい》することが必須《ひっす》という考《かんが》えにいたりました。

あなたが転《ころ》んでしまったことに関心《かんしん》はない。そこから立《た》ち上《あ》がることに関心《かんしん》があるのだ。

エイブラハム・リンカーン、元大統領《もとだいとうりょう》、米《アメリカ》（1809-1865）

失敗《しっぱい》とはまわり道《みち》のこと、行《い》き止《ど》まりではありません。

ジグ・ジグラー、作家《さっか》、米《アメリカ》（1926-2012）

大切《たいせつ》なことは、何《なに》に耐《た》えたかということではなく、いかに耐《た》えたかということ。

ルキウス・セネカ、政治家《せいじか》、ローマ帝国《ていこく》（BC1-AD65）

夢《ゆめ》がある人《ひと》とない人《ひと》

三浦雄一郎《みうらゆういちろう》

プロスキーヤー

このひと

いつからでも始《はじ》められる、65歳《さい》で再《さい》スタートをきったプロスキーヤー

三浦雄一郎《みうらゆういちろう》

プロスキーヤー、青森県出身《あおもりけんしゅっしん》、1932-、父《ちち》は山岳《さんがく》スキーヤー

三《み》浦《うら》雄《ゆう》一《いち》郎《ろう》は、自然《しぜん》のなかで遊《あそ》ぶのが大好《だいす》きな子《こ》どもでした。小学《しょうがく》4年生《ねんせい》のとき、遊《あそ》んでばかりで成績《せいせき》が悪《わる》いため、街中《まちなか》の学校《がっこう》に転校《てんこう》させられました。同級生《どうきゅうせい》の家《いえ》に下宿《げしゅく》し、学校《がっこう》では「こんなこともできない」と怒《おこ》られ、帰宅《きたく》すると特訓《とっくん》の日々《ひび》。だんだん元気《げんき》がなくなり、重《おも》い病気《びょうき》になってしまいます。両親《りょうしん》の元《もと》に戻《もど》っても、ふさぎこんだまま。ある日《ひ》、父《ちち》親《おや》からスキーに誘《さそ》われ、長《なが》くてつらい山小屋《やまごや》までの道《みち》を必死《ひっし》についていくと、みんなが「すごいね！」とほめてくれました。そのとき「勉強《べんきょう》はビリだけど、ぼくにはぼくの世界《せかい》がある。大変《たいへん》なことでも、やればできるんだ」と立《た》ち直《なお》ります。その後《ご》、大学《だいがく》へ進《すす》み、プロスキーヤーとして活躍《かつやく》。世界《せかい》7大陸《たいりく》全高《ぜんこう》峰《ほう》からスキー滑降《かっこう》を達成《たっせい》しました。その後《ご》、目標《もくひょう》を見失《みうしな》い、不摂生《ふせっせい》な生活《せいかつ》を続《つづ》けて健康《けんこう》にも問題《もんだい》が生《しょう》じるほどでしたが、現役《げんえき》で挑戦《ちょうせん》を続《つづ》ける父親《ちちおや》や息子《むすこ》の活躍《かつやく》をみて改心《かいしん》。また夢《ゆめ》ができたのです。65歳《さい》のときに、70歳《さい》でエベレスト登頂《とうちょう》を目標《もくひょう》に訓練《くんれん》を開始《かいし》し、見事《みごと》達成《たっせい》してギネスブックに掲載《けいさい》されます。80歳《さい》を越《こ》えた現在《げんざい》も、次《つぎ》の挑戦《ちょうせん》のために訓練《くんれん》を続《つづ》けています。

夢《ゆめ》をもつだけでは、現実《げんじつ》は何《なに》も変《か》わりません。夢《ゆめ》は必《かなら》ず、行動《こうどう》に結《むす》びつけることです。

● ロバート・レッドフォード、俳優《はいゆう》、米《アメリカ》（1936-）

神様《かみさま》は私《わたし》たちに、成功《せいこう》してほしいなんて思《おも》っていません。ただ、挑戦《ちょうせん》することを望《のぞ》んでいるだけ。

● マザー・テレサ、修道女《しゅうどうじょ》、マケドニア（1910-1997）

「あなたはもう描《か》けない」と言《い》う心《こころ》の声《こえ》がきこえるときこそ、絵《え》を描《か》くのです。そうすれば、心《こころ》の声《こえ》は打《う》ち消《け》されます。

● フィンセント・ファン・ゴッホ、画家《がか》、蘭《オランダ》（1853-1890）

どんなときにもユーモアを

ごめんな、おれが事故《じこ》にあったせいで…
いや、お前《まえ》なしで勝《か》てなかったおれらが悪《わる》いんだ
…
そんな顔《かお》するなよ
なあ、にらめっこしようぜ
え？
あっぷっぷ！
ユーモアは、自分《じぶん》を見失《みうしな》わないための魂《たましい》の武器《ぶき》だ。
ビクトール・フランクル
精神科医《せいしんかい》

この ひと

絶望《ぜつぼう》のなかでも
明《あか》るい人《ひと》は、笑《わら》うことを
忘《わす》れない

ビクトール・フランクル

精神科医《せいしんかい》・心理学者《しんりがくしゃ》、
オーストリア出身《しゅっしん》、1905-1997

ビクトール・フランクルは、精《せい》神科医《しんかい》。第二次世界大戦中《だいにじせかいたいせんちゅう》、ユダヤ人《じん》であった彼《かれ》は、結婚《けっこん》したばかりの妻《つま》と両親《りょうしん》と、収容所《しゅうようじょ》に入《い》れられました。ろくに食事《しょくじ》も与《あた》えられず、過酷《かこく》な労働《ろうどう》の日々《ひび》。不衛生《ふえいせい》な環境《かんきょう》のなか、やせ細《ほそ》り、絶望《ぜつぼう》した人《ひと》たちが、次々《つぎつぎ》と死《し》んでいく。妻《つま》と両親《りょうしん》はすぐに亡《な》くなり、ひとり取《と》り残《のこ》されました。幸運《こううん》にも収容所《しゅうようじょ》から生《い》きて出《で》られた彼《かれ》は、のちにこう語《かた》っています。あの悲惨《ひさん》な環境《かんきょう》を生《い》き抜《ぬ》いた人《ひと》たちは、ユーモアを忘《わす》れず、明《あか》るい人《ひと》が多《おお》かったと。目《め》の前《まえ》の地獄《じごく》のような状況《じょうきょう》に、人《ひと》は希望《きぼう》を失《うしな》い、生《い》きることをあきらめてしまう。弱《よわ》った人《ひと》たちは、次々《つぎつぎ》とガス室《しつ》へ送《おく》られていきます。「希望《きぼう》を持《も》て」と言《い》っても、無理《むり》な状況《じょうきょう》です。だからこそ、ユーモアと明《あか》るさが必要《ひつよう》と彼《かれ》は悟《さと》りました。そして、ひと口《くち》しかない食《た》べ物《もの》を分《わ》け与《あた》え、自分《じぶん》よりも弱《よわ》っている人《ひと》に手《て》をさしのべる人《ひと》たちに、「人《ひと》としての尊厳《そんげん》」を見《み》たのだと。生《い》きている実感《じっかん》がない人間《にんげん》でも、夕日《ゆうひ》の美《うつく》しさに感動《かんどう》し立《た》ち尽《つ》くす姿《すがた》など、極限状態《きょくげんじょうたい》にある人間《にんげん》を観察《かんさつ》し、収容所《しゅうようじょ》での体験《たいけん》をつづった名著《めいちょ》『夜《よる》と霧《きり》』は、世界中《せかいじゅう》でいまも読《よ》まれつづけています。

もし、私《わたし》に
ユーモアがなければ、
これほど長《なが》く苦《くる》しい
闘《たたか》いには耐《た》えられ
なかったでしょう。

● マハトマ・ガンジー、
政治指導者《せいじしどうしゃ》・弁護士《べんごし》、印《インド》
（1869－1948）

ユーモアの源泉《げんせん》は
歓《よろこ》びにあるのではなく、
悲《かな》しみにある。
天国《てんごく》にはユーモアはない。

● マーク・トウェイン、
作家《さっか》、米《アメリカ》
（1835－1910）

ユーモアには
どんな場面《ばめん》も
スムーズに
進《すす》める力《ちから》がある。

● アレン・クライン、作家《さっか》

ブオーー

小《ちい》さな話《はなし》4

きみがほんとうにつらいときのための詩《し》

南《みなみ》アフリカ共和国《きょうわこく》の黒人初《こくじんはつ》の大統領《だいとうりょう》で、アパルトヘイト（人種隔離政策《じんしゅかくりせいさく》）撤廃運動《てっぱいうんどう》を指揮《しき》したネルソン・マンデラ。彼《かれ》の人生《じんせい》のうち、27年間《ねんかん》は投獄生活《とうごくせいかつ》です。狭《せま》い監房《かんぼう》に薄《うす》いマット、トイレがわりのバケツがあるだけ。日中《にっちゅう》は、外《そと》で重労働《じゅうろうどう》が待《ま》っています。まさに地獄《じごく》のような生活《せいかつ》を支《ささ》えたのが、ひとつの詩《し》でした。

私《わたし》を覆《おお》う漆黒《しっこく》の夜《よる》　鉄格子《てつごうし》にひそむ奈落《ならく》の闇《やみ》　私《わたし》はあらゆる神《かみ》に感謝《かんしゃ》する
我《わ》が魂《たましい》が征服《せいふく》されぬことを
無惨《むざん》な状況《じょうきょう》においてさえ　私《わたし》はひるみも叫《さけ》びもしなかった
運命《うんめい》に打《う》ちのめされ血《ち》を流《なが》しても　決《け》して屈服《くっぷく》はしない
激《はげ》しい怒《いか》りと涙《なみだ》の彼方《かなた》に　恐《おそ》ろしい死《し》が浮《う》かび上《あ》がる
だが、長《なが》きにわたる脅《おど》しを受《う》けてなお　私《わたし》は何《なに》ひとつ恐《おそ》れはしない
門《もん》がいかに狭《せま》かろうと

いかなる罰《ばつ》に苦《くる》しめられようと
私《わたし》が我《わ》が運命《うんめい》の支配者《しはいしゃ》
私《わたし》が我《わ》が魂《たましい》の指揮官《しきかん》なのだ

凍《こご》えるような夜《よる》に、過酷《かこく》な1日《にち》の始《はじ》まる朝《あさ》に、手《て》にとって、何度《なんど》、文章《ぶんしょう》を見《み》つめたことでしょう。

この詩《し》の作者《さくしゃ》である、イギリスの詩人《しじん》ウィリアム・アーネスト・ヘンリーもまた、凄《せい》絶《ぜつ》な人生《じんせい》を送《おく》ったひとりです。12歳《さい》で骨結核《こつけっかく》をわずらい左足《ひだりあし》を切断《せつだん》。ジャーナリストになるために勉学《べんきょう》に励《はげ》みましたが、その後《ご》8年間《ねんかん》の入院生活《にゅういんせいかつ》を経《へ》て、右足《みぎあし》も切断《せつだん》。成人《せいじん》したあと、結婚《けっこん》し、娘《むすめ》を授《さず》かりましたが、6歳《さい》のときに娘《むすめ》を病気《びょうき》で亡《な》くしてしまう……。次々《つぎつぎ》と襲《おそ》いかかる悲劇《ひげき》を「負《ま》けるものか」と生《い》き抜《ぬ》いた彼《かれ》の心《こころ》の叫《さけ》びを表《あらわ》した詩《し》。

マンデラは、人種差別《じんしゅさべつ》に立《た》ち向《む》かってきた自分《じぶん》の人生《じんせい》と彼《かれ》の人生《じんせい》を重《かさ》ねあわせ、その「不屈《ふくつ》の魂《たましい》」を自分《じぶん》のものとしたのです。

出典《しゅってん》

エピソード

・『愛《あい》なんて大《だい》っ嫌《きら》い』冨永愛《とみながあい》（ディスカヴァー・トゥエンティワン）
・『浅田真央物語《あさだまおものがたり》Princess《プリンセス》 Mao《マオ》』青嶋《あおしま》ひろの（角川《かどかわ》つばさ文庫《ぶんこ》）
・『明日《あした》のために、心《こころ》にたくさん木《き》を育《そだ》てましょう』若宮正子《わかみやまさこ》（ぴあ）
・アナザーストーリーズ運命《うんめい》の分岐点《ぶんきてん》「We《ウィ》 Are《アー》 The《ザ》 World《ワールド》～10時間《じかん》の真実《しんじつ》」（NHKBS《エヌエイチケービーエス》プレミアム・ドキュメンタリー、2018年《ねん》7月《がつ》3日放送《にちほうそう》）
・『あの偉人《いじん》たちを育《そだ》てた子《こ》ども時代《じだい》の習慣《しゅうかん》』木原武一《きはらぶいち》（PHP研究所《ピーエイチピーけんきゅうじょ》）
・『一流《いちりゅう》の達成力《たっせいりょく》──原田《はらだ》メソッド「オープンウィンドウ64」』原田隆史《はらだたかし》・柴山健太郎《しばやまけんたろう》（フォレスト出版《しゅっぱん》）
・『インビクタス／負《ま》けざる者《もの》たち』（ワーナー・ブラザーズ、2009年《ねん》）
・『エルザわが愛《あい》』ジョイ・アダムソン・藤原英司訳《ふじわらえいじやく》（文藝春秋《ぶんげいしゅんじゅう》）
・『荻野吟子《おぎのぎんこ》──日本《にほん》で初《はじ》めての女性医師《じょせいいし》』加藤純子《かとうじゅんこ》（あかね書房《しょぼう》）
・『オードリー・ヘップバーンという生《い》き方《かた》』山口路子《やまぐちみちこ》（KADOKAWA《カドカワ》・中経出版《ちゅうけいしゅっぱん》）
・『大坂《おおさか》なおみ世界《せかい》No.1《ナンバー》に導《みちび》いた77の言葉《ことば》』児玉光雄《こだまみつお》（サンクチュアリ出版《しゅっぱん》）
・『思《おも》うは招《まね》く──自分《じぶん》たちの力《ちから》で最高《さいこう》のロケットを作《つく》る！』植松努《うえまつつとむ》（宝島社《たからじましゃ》）
・『落《お》ちこぼれてエベレスト』野口健《のぐちけん》（集英社《しゅうえいしゃ》）
・『学校《がっこう》は行《い》かなくてもいい──親子《おやこ》で読《よ》みたい「正《ただ》しい不登校《ふとうこう》のやり方《かた》」』小幡和輝《おばたかずき》（エッセンシャル出版《しゅっぱん》）
・『学校《がっこう》へいきたい！──世界《せかい》の果《は》てにはこんな通学路《つうがくろ》が！』第《だい》1期全《きぜん》4巻《かん》・第《だい》2期全《きぜん》4巻《かん》（六耀社《りくようしゃ》）
・『孤独《こどく》は消《け》せる。』吉藤健太朗《よしふじけんたろう》（サンマーク出版《しゅっぱん》）
・『心《こころ》を強《つよ》くする「世界一《せかいいち》のメンタル」50のルール』サーシャ・バイン著《ちょ》・高見浩訳《たかみひろしやく》（飛鳥新社《あすかしんしゃ》）
・『菊次郎《きくじろう》とさき』ビートたけし（新潮社《しんちょうしゃ》）
・『聖《さとし》の青春《せいしゅん》』大崎義生《おおさきよしお》（角川文庫《かどかわぶんこ》）
・『人生《じんせい》がときめく片《かた》づけの魔法《まほう》　改訂版《かいていばん》』近藤麻理恵《こんどうまりえ》（河出書房新社《かわでしょぼうしんしゃ》）
・『10分《ぶん》で読《よ》める発明《はつめい》・発見《はっけん》をした人《ひと》の伝記《でんき》』塩谷京子《しおやきょうこ》（学研《がっけん》）
・『10分《ぶん》で読《よ》める夢《ゆめ》と感動《かんどう》を生《う》んだ人《ひと》の伝記《でんき》』塩谷京子《しおやきょうこ》（学研《がっけん》）
・『10分《ぶん》で読《よ》める命《いのち》と平和《へいわ》につくした人《ひと》の伝記《でんき》』塩谷京子《しおやきょうこ》（学研《がっけん》）
・『10分《ぶん》で読《よ》めるスポーツで夢《ゆめ》をあたえた人《ひと》の伝記《でんき》』塩谷京子《しおやきょうこ》（学研《がっけん》）
・『10分《ぶん》で読《よ》めるリーダー・英雄《えいゆう》になった人《ひと》の伝記《でんき》』塩谷京子《しおやきょうこ》（学研《がっけん》）
・『スピルバーグその世界《せかい》と人生《じんせい》』リチャード・シッケル・大久保清朗《おおくぼきよあき》、南波克行訳《なんばかつゆきやく》（西村書店《にしむらしょてん》）
・『素顔《すがお》のココ・シャネル』イザベル・フィメイエ著《ちょ》・鳥取絹子訳《とっとりきぬこやく》（河出書房新社《かわでしょぼうしんしゃ》）
・『杉原千畝物語《すぎはらちうねものがたり》──命《いのち》のビザをありがとう』杉原幸子《すぎはらゆきこ》・杉原弘樹著《すぎはらひろきちょ》（金《きん》の星社《ほししゃ》）
・『育《そだ》てにくい子《こ》は、挑発《ちょうはつ》して伸《の》ばす

——東大異才発掘《とうだいいさいはっくつ》プロジェクトの教育《きょういく》メソッド』中邑賢龍《なかむらけんりゅう》（文藝春秋《ぶんげいしゅんじゅう》）

・『チャーチル不屈《ふくつ》のリーダーシップ』
ポール・ジョンソン著《ちょ》・山岡洋一《やまおかよういち》・高遠裕子《たかとうゆうこ》訳《やく》（日経BP社《にっけいビーピーしゃ》）

・『伝記世界《でんきせかい》の思想家《しそうか》から学《まな》ぶ4——未来《みらい》を生《い》きる道《みち》しるべ』（清水書院《しみずしょいん》）

・『新島八重《にいじまやえ》』白石《しらいし》まみ著《ちょ》・川口暁弘《かわぐちあきひろ》監修《かんしゅう》（学研教育出版《がっけんきょういくしゅっぱん》）

・『日本《にほん》と世界《せかい》を結《むす》んだ偉人《いじん》・明治編《めいじへん》』河合敦《かわいあつし》監修《かんしゅう》（PHP《ピーエイチピー》研究所）

・『日本《にほん》の偉人《いじん》ものがたり22話《わ》』PHP研究所編《ピーエイチピーけんきゅうじょへん》（PHP《ピーエイチピー》研究所）

・『ノーベル——人類《じんるい》に進歩《しんぽ》と平和《へいわ》を』大野進《おおのすすむ》（講談社火《こうだんしゃひ》の鳥伝記文庫《とりでんきぶんこ》）

・『ハリソン・フォード』ミンティー・クリンチ著《ちょ》・水野《みずの》みさを訳《やく》（近代映画社《きんだいえいがしゃ》）

・『101％のプライド』村田諒太《むらたりょうた》（幻冬舎《げんとうしゃ》）

・『福沢諭吉《ふくざわゆきち》』浜野卓也《はまのたくや》（ポプラ社《しゃ》）

・『窓《まど》ぎわのトットちゃん』黒柳徹子《くろやなぎてつこ》著《ちょ》・いわさきちひろ絵《え》（講談社《こうだんしゃ》）

・『宮崎駿《みやざきはやお》の原点《げんてん》——母《はは》と子《こ》の物語《ものがたり》』大泉実成《おおいずみみつなり》（潮出版社《うしおしゅっぱんしゃ》）

・『歴史《れきし》を生《い》きた女性《じょせい》たち——第《だい》2巻芸術《かんげいじゅつ》・学問《がくもん》・教育《きょういく》の世界《せかい》を切《き》り拓《ひら》いて』
歴史教育者協議会編《れきしきょういくしゃきょうぎかいへん》（汐文社《ちょうぶんしゃ》）

・『ラファエル・ナダル自伝《じでん》』ラファエル・ナダル／ジョン・カーリン著《ちょ》・
渡邊玲子《わたなべれいこ》訳《やく》（実業之日本社《じつぎょうのにほんしゃ》）

・『夜《よる》と霧《きり》』ビクトール・フランクル（みすず書房《しょぼう》）

・『ユージン・スミス——水俣《みなまた》に捧《ささ》げた写真家《しゃしんか》の1100日《にち》』
山口由美《やまぐちゆみ》著《ちょ》（小学館《しょうがくかん》）

名言《めいげん》

・『いい言葉《ことば》が人生《じんせい》を変《か》える——世界《せかい》の賢者《けんじゃ》50人《にん》「生《い》きがい」のメッセージ』
塚本晃生《つかもとこうせい》（廣済堂出版《こうさいどうしゅっぱん》）

・『必《かな》ず出会《であ》える！　人生《じんせい》を変《か》える言葉《ことば》2000』西東社編集部《せいとうしゃへんしゅうぶ》（西東社《せいとうしゃ》）

・『人生《じんせい》を動《うご》かす賢者《けんじゃ》の名言《めいげん》』池田書店編集部《いけだしょてんへんしゅうぶ》（池田書店《いけだしょてん》）

・『人生《じんせい》を創《つく》る言葉《ことば》』渡部昇一《わたなべしょういち》（致知出版社《ちちしゅっぱんしゃ》）

・『人生《じんせい》の名言《めいげん》1500——あなたが変《か》わる偉人《いじん》・賢人《けんじん》の魔法《まほう》の言葉《ことば》』
別冊宝島編集部編《べっさつたからじまへんしゅうぶへん》（宝島社《たからじましゃ》）

・『世界名言集《せかいめいげんしゅう》』岩波文庫編集部《いわなみぶんこへんしゅうぶ》（岩波書店《いわなみしょてん》）

・『大切《たいせつ》なことに気《き》づく365日名言《にちめいげん》の旅《たび》』
WRITES PUBLISHING《ライツパブリッシング》編《へん》（ライツ社《しゃ》）

・『大切《たいせつ》なことに気《き》づく365日名言《にちめいげん》の旅《たび》世界《せかい》の空編《そらへん》』
WRITES PUBLISHING《ライツパブリッシング》編《へん》（ライツ社《しゃ》）

・『ニューモラル　心《こころ》を育《そだ》てる一日一話《いちにちいちわ》』
モラロジー研究所出版部《けんきゅうじょしゅっぱんぶ》（モラロジー研究所《けんきゅうじょ》）

・『必《かな》ず出会《であ》える！　人生《じんせい》を変《か》える言葉《ことば》2000』西東者編集部編《せいとうしゃへんしゅうぶへん》（日東社《にっとうしゃ》）

・『心《こころ》がきれいになる365日誕生花《にちたんじょうばな》と名言《めいげん》』
WRITES PUBLISHING《ライツパブリッシング》編《へん》（ライツ社《しゃ》）

・『わたしの思考探求《しこうたんきゅう》①』
NHK《エヌエイチケー》「Q《キュー》」制作班編《せいさくはんへん》（NHK《エヌエイチケー》出版）（有吉忠行《ありよしただゆき》／PHP研究所《ピーエイチピーけんきゅうじょ》）

参考《さんこう》ウェブサイト

・癒《いや》しツアー、偉人《いじん》の名言《めいげん》・格言《かくげん》
・世界《せかい》の名言《めいげん》・格言《かくげん》
・名言《めいげん》＋Quotes《クオーツ》
・名言DB《めいげんディービー》
・名言《めいげん》ナビ

（2019.11.10現在《げんざい》）

文《ぶん》・定政敬子《さだまさけいこ》

津田塾大学英文科卒《つだじゅくだいがくえいぶんかそつ》。
米国《べいこく》ジャーナリズムや国内出版業界《こくないしゅっぱんぎょうかい》で、
著述《ちょじゅつ》、教育《きょういく》・自己啓発書籍編集等《じこけいはつしょせきへんしゅうなど》に多年《たねん》にわたり携《たずさ》わる。
名言《めいげん》のもつ力《ちから》を、次世代《じせだい》を担《にな》う若者《わかもの》に
わかりやすく伝《つた》えたいと考《かんが》え、本書執筆《ほんしょしっぴつ》に至《いた》る。
共著書《きょうちょしょ》に
『マンガでわかる！10代《だい》に伝《つた》えたい名言集《めいげんしゅう》』がある。

絵《え》・モドロカ

1987年《ねん》、大阪府《おおさかふ》生《う》まれ。
2008年《ねん》より有限会社文平銀座《ゆうげんがいしゃぶんぺいぎんざ》に勤務《きんむ》。
現在《げんざい》はフリーランスとなり、グラフィックデザインのほか、
イラストやマンガの制作《せいさく》を行《おこな》う。
共著書《きょうちょしょ》に
『マンガでわかる！10代《だい》に伝《つた》えたい名言集《めいげんしゅう》』がある。

マンガでわかる！ 10代《だい》に伝《つた》えたい
人生《じんせい》を前《まえ》に進《すす》める名言集《めいげんしゅう》

2019年《ねん》12月《がつ》 5 日《にち》 第《だい》1刷《ずり》発行《はっこう》
2023年《ねん》10月《がつ》25日《にち》 第《だい》3刷《ずり》発行《はっこう》

文《ぶん》・定政敬子《さだまさけいこ》
絵《え》・モドロカ

発行者《はっこうしゃ》
佐藤《さとう》 靖《やすし》

発行所《はっこうじょ》
大和書房《だいわしょぼう》
東京都文京区関口《とうきょうとぶんきょうくせきぐち》1-33-4
電話《でんわ》 03（3203）4511

ブックデザイン 寄藤文平《よりふじぶんぺい》+古屋郁美《ふるやいくみ》（文平銀座《ぶんぺいぎんざ》）
帯写真《おびしゃしん》 野頭尚子《のずなおこ》
編集《へんしゅう》 藤沢陽子《ふじさわようこ》（大和書房《だいわしょぼう》）
印刷《いんさつ》 歩《あゆみ》プロセス
製本《せいほん》 ナショナル製本《せいほん》

ISBN978-4-479-39330-6
乱丁本《らんちょうぼん》・落丁本《らくちょうぼん》はお取《と》り替《か》えいたします
http://www.daiwashobo.co.jp

大和書房《だいわしょぼう》「10代《だい》のための本《ほん》」ロングセラー

マンガでわかる! 10代《だい》に伝《つた》えたい名《めい》言《げん》集《しゅう》

文《ぶん》・定政敬子《さだまさけいこ》、絵《え》・北谷彩夏《きたたにあやか》

定価《ていか》(本体《ほんたい》1400円《えん》+税《ぜい》)

齋藤《さいとう》 孝《たかし》 先生《せんせい》推薦《すいせん》!!

この本《ほん》の誰《だれ》かの名言《めいげん》で、きみの人生《じんせい》が変《か》わるかもしれない!

「人生《じんせい》は恐《おそ》れなければ、とてもすばらしいものなんだよ」—— チャールズ・チャップリン

ビル・ゲイツ、ココ・シャネル、リンカーン、司馬遼太郎《しばりょうたろう》、ナイチンゲール……

232人《にん》の偉人《いじん》たちが、きみの悩《なや》みに応《こた》えてくれる。

学校《がっこう》や家族《かぞく》という社会《しゃかい》の中《なか》にいる子《こ》どもたちの日々《ひび》の悩《なや》みに、

そっと寄《よ》りそう言葉《ことば》を集《あつ》めた本《ほん》!